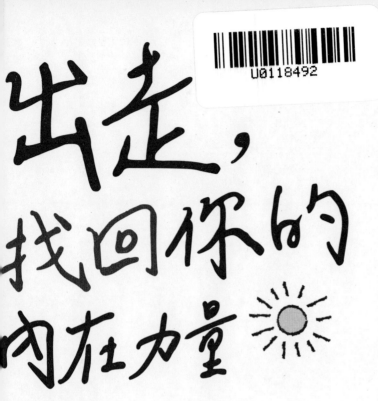

出走，
找回你的
內在力量

回應心底的疲憊與渴望，
斷開委屈與迷茫，突破慣性，
微調步調，重回身心最佳狀態

瑞秋·歐蜜拉
Rachael O'Meara——著

朱靜女——譯

Pause

Harnessing
the Life-Changing Power
of Giving Yourself a Break

獻給那些願意讓自己暫停一下的人！
獻給那些轉型者以及那些正走向轉型之路的人！

這本書關乎自我的探索之旅，就像身兼精神科醫師、存在主義者以及大屠殺倖存者的維克多·法蘭克（Viktor Frankl）所清楚陳述的：

在刺激和反應之間還有空間存在。在這個空間裡，我們得以展現自我選擇回應方式的力量。而我們的回應所展現的，是我們的成長與自由。這個空間正是暫停力量的所在！

目次

各界推薦

「扣掉所謂的上班時間，你都在做甚麼？」這是我在協助對於人生或職場充滿困惑者規畫職涯時，常常會問的問題。通常我會再問：「假設不工作，你有多少的現金流可以生活？有什麼想達成的目標？」當下我會協助對方判斷是把暫停的時間定義為「享受生活」或「努力生存」，畢竟生存和生活是兩碼子事。

本書重點放在人生的暫停或出走，列出哪些時刻需要屬於自己的空間和時間。事實上，每個人都會因為生活中的某些刺激，而開始嘗試體驗暫停的力量，可能是工作，感情，家人，健康等等。出走，其實是為了寫出屬於自己的故事。認同嗎？

—— 江湖人稱 S 姐，職場力部落客、商周專欄作家

作者透過科學驗證的技巧，告訴我們如何和自己連結，並且推敲什麼才是我們真正珍視的。

—— 雅莉安娜・哈芬登（Arianna Huffington），
　《哈芬登郵報》創辦人

作者掌握了如何讓人生過得精采的關鍵要素：定期出走，或放個假，讓自己採取的行動與內在的聲音再度進行校正。工作上的暫停，無論是暫停一分鐘、一天，或是一個星期，都是讓你進行有意義的下一步行動的基本要素。

—— 珍妮・布萊克（Jenny Blake），
　《軸點：只有下一步才要緊》作者

如果你曾經歷過撞牆期，這本書就是為你而寫的。作者很清楚那種感受，因為她也曾經歷過那樣的階段。本書是有見地的、可以讓你按圖索驥的路線圖，你可以參照它向內觀照，並且產生持久的改變。

——德瑞克・西佛斯（Derek Sivers），TED 演說者

對於我們這些經常感到被困住，或者待辦事項清單已占領生活的人來說，這是一本非常切合需要，而且來得正是時候的書。作者分享的課題、故事和洞見，可以協助我們發現出走的有力且實用之價值。在這個逐步傳授的指南裡，她向我們展示如何回歸日常生活中自然流動的智慧。

——雅蓋比・史岱西諾波羅斯（Agapi Stassinopoulos），
　暢銷書《釋放心靈》作者

對於那些備感壓力的人，我極度推薦他們閱讀這本書。我力行每個星期當中有一天會和家人一起關掉所有的螢幕，共度每週的「科技安息日」（Technology Shabbats），因此我可以向你保證，把書中介紹的想法帶進生活中，將會讓你的生活更為美好。

——蒂芬妮・沙崙（Tiffany Shlain），威比獎（Webby Awards）創辦人

你可能一直在尋找正當理由讓生活暫停，或是展開一段新的冒險，本書讓你可以名正言順地這麼做。瑞秋不僅解釋了為什麼它很重要，還分項解說讓你知道如何做到這一點。

——凱倫・韓森・瓊斯（Karen Henson Jones），
　《奇蹟之心》（Heart of Miracles）作者

　　出走和暫停可以替人生增添美好的價值。在這本深具啟發的
書裡，作者分享許多有用的訣竅及鼓舞人心的故事，幫助我們了
解如何讓自己的人生與自我的內在對頻呼應，以及如何讓自己朝
著熱情的所在而行，並且活得有意義。這真是一本值得停下來細
讀的書。

——陳一鳴（Chade-Meng Tan），

　　暢銷書《搜尋你內心的關鍵字》作者

　　本書是很棒的指南，引導我們以更加勇敢、自我疼惜與真摯
的態度來生活。作者告訴我們如何探索更深層的內在自我，並且
在計畫的發展無法盡如人意的時候，依然能夠無所畏懼地覺察表
象之下，正在發生的事。暫停一下，好好品閱這本書吧！

——麥克·羅賓斯（Mike Robbins），《為自己改變》作者

　　如果你像我一樣，與不確定交手時，會覺得望之生畏，那麼
我們很幸運，這本書正是一套導航和促進變革的實用工具包。我
從本書學到的東西改變了我的一切。

——柏奈特·拜恩（Barnet Bain），

　　電影《米爾頓的秘密》（Milton's Secret）導演

推薦序

調整方向，重新定位自己

茱蒂絲・萊特（Judith Wright）博士

致力於關注人類潛能之萊特基金會創辦人

暫停！這個詞彙讓我深深地吸了一口氣。

我們有多常覺得自己正處於快轉的生活步調當中，只是快速地在動作之間移動？我們可能隱約感覺到，生活只是在虛應故事，彷彿已經失去了逐夢的軌跡。有時候，生活的方式並沒有為我們帶來渴望的快樂與滿足。

如果你想重新觸及什麼才是對自己真正重要的事，那麼讓自己喘口氣，或是好好休息一下，而且，一定要充分利用這樣的出走時刻。作者在本書中提供了一份充分描述的選單，無論你打算暫停幾分鐘，或是幾個月，這份選單都能激勵你。她以自身多年致力於喚醒自我覺察以及個人發展所獲得的洞見，來引導讀者。

瑞秋將「暫停」定義為任何刻意的行為轉變，藉此讓你有餘

裕去體驗那些如果不是因為這些行為轉變，不可能發生的態度、思想或情緒等精神層面的轉變。她讓我們知道，如何與自我保持連結；退一步，傾聽我們經常忽略的自我，這樣可以重新找到定位，並且去追求內心深層真正渴望的東西。藉著暫時的出走，開始感知到一些可以帶領我們領略自身真實感受的微妙訊息。於是，我們得以認清埋藏已久的渴望。更棒的是，我們已經知道如何滿足這些欲望，並且能夠規畫出不同的進程，也就是在我們感到心力交瘁，或是發現自己瘋狂地轉動生命之輪，卻仍在原地踏步、徒勞無益之前，就能這麼做。

出走，可以讓我們脫離自動駕駛的狀態，就可以停止敷衍了事的生活狀態，或者不再感覺像是在生活中夢遊。如果我們已經感到心力交瘁、沒有滿足感與成就感、感到人生漫無目的，或者感覺停滯不前，那麼暫停一下可以讓我們對準內在的自我，調整方向，朝著充滿成就感、滿足與喜悅的人生前進。

瑞秋的人生可以用「暫停」一詞來詮釋。打從我認識她開始，她便一直在超越極限、持續不斷地在學習與成長、上課、挑戰自我、參加一個又一個研討會，或者建立她自己的領導技能。我一直樂見她一次又一次暫停與轉變。她持續學習如何帶著更大的正向能量生活，同時有意識地發展自己的情緒智能，保持與自我及他人的良好連結。她總是在尋求如何拓展出走的能力，如何和自我保持連結，以及如何讓自己接受自我內在感受的指引：在她生命裡的每一個瞬間，都能隨時與自己更深層的渴望對頻。瑞

秋親身實踐她所倡議的，而在這本書中，她傳達了難能可貴的智慧，任何人都可以從中受益。

我在工作上有機會研究傑出人士，以及他們如何在工作、人際關係、自我發展，以及社區服務方面獲致成功。我們發現，擁有美好人生的人，都是深諳暫停之道的人，他們懂得向內觀照，明白自我更深層的渴望，並且按照自己的價值觀和原則來運作。他們積極投入生活滿足自身的渴望，而不只是為了生計而汲汲營營。他們學著把自己的行為導向更大的成就。這不僅僅是暫停一次而已，而是他們選擇把暫停當作一種生活方式，持續不斷地傾聽內心的聲音。

這種暫停意謂著保持有意識的、清醒的，而且與我們的心、更深的情感，以及靈魂的渴望保持聯繫，然後據此引導我們的行動。

你可以在這本書中發現琳琅滿目的暫停方式，例如大暫停、小暫停、片刻暫停、改變生活的大躍進，以及能夠帶來顯著效果的一些細微調整。

短暫的出走就像是一場管弦音樂會開演之前所進行的調音，如此一來你才能有最佳的演出，也才能和你的生活和諧共鳴。瑞秋藉著真實的生命故事、演練、研究以及鼓舞人心的話，彰顯她要傳達的觀點。她讓人覺得這一切都是可能的。閱畢此書，你將帶著「我能做到！」的感覺。我們可以把我們的生活當作一場冒險，永遠在創造新的經驗，用新的方式學習和成長，讓我們發揮

最佳狀態，並提供我們最好的服務。

順帶一提，你不需要跑到喜馬拉雅山的一個洞穴裡（除非這是你所喜歡的），就可以達到這種境界。你很可能不需要改變你的職涯，或是結束一段關係，出走不需要從生活的轉變開始進行。

生活在瞬息間持續不斷進行著，而暫停可以幫助你，在每一時每一刻，都能活在當下。當你脫離了常軌，你可以暫停一下，讓自己向內觀照，並且重新找到定位。

瑞秋談到休眠者，也就是我們當中那些渾渾噩噩過日子，總是虛應故事，或者根據我們被告知的生活方式或形態來過日子的人。暫停讓我們得以喚醒自我而能更有意識地過日子，並能全心全意、專注地生活。休眠者普遍有種欲求不滿的感覺，也就是感覺有些不對勁。他們感到心力交瘁，或急欲逃離，或渴望做一些不同的事情。以下指標是我們的研究所確認的那些未被實踐的渴望，也就是那些我們為了生存而必須具備的深切渴望：欣賞他人與展示自我、愛與被愛、被理解、被認同、被重視、有所作為、學習、成長、經驗、表達、創造，以及隸屬於比自身更偉大的團體。這些都是未被實現的渴望，正在呼喊著希望能夠獲得滿足。而如果我們不出走，付諸關心，去探究潛藏在沮喪之下的東西，並且釋放不滿的話，將無法了解一直在試圖引起我們注意的，究竟是什麼。我們的內在自我就像個小小孩正拉著我們的褲管，試著讓我們注意自身靈魂的渴望。脫離自動駕駛系統，遁離繁忙，

暫時出走！閱讀自我，並與自己保持聯繫，然後成為那個你最渴
望成為的自己。

人生的智慧在暫停之中。

——愛麗絲·華克

（Alice Walker，美國小說家）

導讀
先停一下再走，重新連結內在

四年前，我在 Google 公司工作，職務是讓所有的朋友都稱羨的客服經理。事實上，我當時的人生糟糕透了。我滿腦子所想的都是工作。我可能人在朋友的家裡，但是當所有人都融入談話的時候，我和大家相距僅約六十公分，卻處在自己的世界裡，迷失在電子郵件和擔憂之中。

我知道我已經到達極限了。我的狀況和所謂職業倦怠的定義相符。我已經引起自我的心理恐慌，並且已經失去控制。我那些負面的自我對話是不健康，也是不應持續發展的，同時我也從主管那邊收到近期工作績效表現不佳的警告。我還年輕，談退休還太早，但是我已經不能這樣繼續下去，我必須要取捨。

幸運的是，在我徹底自我毀滅之前，我體悟到，我必須對自己的生活進行有意義的檢視：那就是我所謂的暫停。另外還有一件幸運的事，那就是全球企業中有 15％的企業，願意讓某些員工留職停薪，而 Google 公司正是其中之一①。我把自己從慣常的日常生活中抽離出來（那份習慣已經根深柢固），讓自己對準與內在感受和諧共鳴的事，明白該如何對自己負責，去做些改變，同

時積極投入新的想法、做法，以及活得安適的方法。我學著如何更能活在當下，那是我之前從未了解的本事。幾乎每個人在人生中的某個時點，都有必須出走的時候。好消息是，每一個人，包括你，都有辦法暫停。

我是極少數的幸運兒之一，得以在一家願意讓員工留職停薪（或帶薪休假）的公司工作。但是，值回票價的出走經歷並不必然需要暫時中斷職業生涯，才能去體驗。暫停並不受特定時間長度的限制，而是和如何善用時間有關。我把「暫停」定義為任何刻意的行為轉變，藉此讓你有餘裕，去體驗那些如果不是因為這些行為轉變，就不可能發生的態度、思想或情緒等精神層面的轉變。

執行出走可以像在外面散步五分鐘一樣簡單，或者是一整天都拔掉數位設備的插頭。暫停就是讓自己有一段中場休息的時間，藉此為你內在的聲音創造出一個可以被聽見的空間，並且讓你的行動與內在聲音一致，從而引領你邁向更富意義、更圓滿的人生。出走讓你有機會記住什麼可以「點亮你的生命」，認清自己的渴望，轉變你的限制性信念，並且徹底了解什麼是所謂的「大腦杏仁核劫持」，還可以讓你發現人際關係如何影響著你。

從這本書中，你將學到如何打造屬於自己的「出走計畫」，而且不管你有多少資源，都能進行暫停規畫；你同時可以學到心理學研究如何佐證出走可以提升你的情緒智能，還有行動、感受，以及真誠負責溝通的能力。你還可以從他人的故事中汲取

經驗：故事主角當中有一些人因為在職場上被解雇，而引發暫停動機；而其他人則是一邊維持日常的生活，一邊替自己創造時間和空間來暫停一下，不讓人生一成不變。你會學到如何認清一些提醒你該要出走的警訊，也會學到如何準備，包括知道有哪些可能的出走類型，以及開創一段饒富意義的經歷的訣竅，同時也會學到在結束暫停之旅後，如何帶著澄淨的心靈，回歸日常生活之中，並且讓暫停心態（pause mindset）長久延續。你會學到如何與自己的內在聲音對頻，避免「心猿意馬」（monkey mind）的心態三不五時就跑出來干擾（所謂心猿意馬指的是無意識的雜念，會讓我們分心，而忽略眼前真正重要的事）。

如果你覺得自己與世隔絕，或者覺得自己被生活的動盪風暴所襲捲，因此沒有辦法踏實地站穩腳步，那麼這本書就是為你而寫。出走對我來講是如此奧妙的體驗，讓我不得不與你分享我的故事。我的使命就是幫助你允許自己暫停一下，從而走向更豐富圓滿的人生。有很多方法可以讓我們避免像原本那樣，經常很快就陷入心力交瘁的狀態。其實，我們是有辦法可以力挽狂瀾，而那正是暫停的威力所在！

1

人生的谷底,是巔峰的起點

在這個一直想把你改造成別人的世界裡,「做自己」是最偉大的成就。

—— 美國思想家　拉爾夫·沃爾多·愛默生（Ralph Waldo Emerson）

1995 年秋天,我開始經營我的事業。我在布魯克林區溫莎露台（Windsor Terrace）住了三年,住家就在漂亮且歷史悠久的展望公園對面。每天早上花一個小時通勤到曼哈頓中城。那裡的摩天大樓觸吻藍天,遊客伸長脖子仰望天空,想要看看這些大樓能攀多高。我的辦公室和無線電城音樂廳（Radio City Music Hall）,嗯,就是那個長腿火箭女郎舞蹈團（Rockettes）稱之為家的地方,座落在相同的位址。隔壁是洛克斐勒中心以及我最喜愛的場景:洛克斐勒中心溜冰廣場。我總是邊看著溜冰的人滑過廣場上的金色雕像,邊享用午餐,這讓我有種醍醐灌頂的感覺。那一年我 23 歲,我已經和國際商務接軌,並在紐約的心臟地帶立足,從各方面來看,我已經「成功」了!

　　即使事業有成，我還是覺得日常生活裡好像缺了點什麼。我每晚帶著失落感回家。就某種程度而言，例行搭乘地鐵 F 線、走進辦公室、週末狂歡揮霍自己辛苦賺來的錢、回到住滿室友的公寓，這些似乎算不上是什麼好的回報。我覺得還有更多我應該要做的事，似乎有什麼東西被遺漏了。

　　接下來那個春天，我報名參加一個划船俱樂部。早在我來到紐約之前，我就已經是划船運動的高手，這真是一項讓人終生喜愛的運動。我把目標設定在加入國家代表隊。每天早上，在靜謐的破曉時分，我便和紐約運動俱樂部的成員一起划船。我們一起迎接晨曦，看著早晨的天幕在絲絨般的粉紅光束和黃色光束中，漸次推開。我第一次進入暫停時刻就是在划船的時候，不知不覺地自然發生。出走可以無所不在，無論是在每一個划船動作、每一次的呼吸裡，或是在極限訓練進行前、進行中以及進行後，暫停都自然地發生。身為一個划船運動員，我時時刻刻讓自己暫停一下。划船讓我學會如何活在當下，不去理會原本的我。我一整天都維持這樣的感覺，並且熱切期待著第二天早晨再將整個過程練習一遍。

　　再次找回對於划船的熱愛，也幫助我了解一件事，就是我希望我的工作生活能夠更有意思。我希望在辦公室裡也能領受同樣的熱情。我發現自己非常渴望加入新興的網際網路產業，於是我在 DoubleClick（一家前景看好的新創公司）找到一份工作。

　　接下來的幾年，我一直處在快速向前的生活步調裡。然後，

我再次發現，我對人生有更多的渴望。於是我離開待了十年的紐約，轉往 DoubleClick 設在舊金山的辦公室。這是個改變的契機！我在這個美容業、生活風格產業與科技業薈萃的城市樞紐地帶落腳。三年後，Google 併購了這家公司。無論是從我的職涯層面，或是個人層面來看，一切看起來似乎都很好。我在搬到舊金山九個月之後，遇見我的男朋友道格。幾個月之後，我跟幾位在女性領袖課堂上認識的女孩結成莫逆之交，而這份姊妹淘的情誼將會持續一輩子。我的工作和生活處於雙贏狀態。我滿懷感恩，對於我替自己開創的生活感到很滿意。

　　這樣的生活方式持續了五年之後，我開始迫切渴望在工作上獲得新的挑戰。就像許多其他剛拿到 MBA 碩士的人一樣，想要在管理職上大顯身手。我希望自己不只能夠在目前的工作上有所創新，更希望為他人的生活帶來突破。我決定接受一份工作，帶領一個客服團隊，與公司其中一項旗艦商品的廣告主們合作。

撞牆期

　　我帶領的這個客服團隊依照任務需求，編制從四～十一人不等。六個月之後，我的績效表現進入撞牆期。新主管認為，我的工作績效沒有達到標準，並且認為我應該當個更好的溝通者、聆聽者和管理者。我開始質疑自己為何接下這個不熟悉的管理角色，當初的決定是不是錯了？對於這份工作的成功到底該如何定

義，我感到很困惑。在我的企業管理生涯中，這是我第一次持續接獲工作績效表現不佳的反饋意見，並且不斷被告知，如果想在Google 裡成功，我必須要改變。

我到底出了什麼問題？過去那麼成功，現在哪裡出了差錯？我在 Google 待了兩年，現在該是離開的時候嗎？我是如何從一個連年獲得拔擢與讚賞、充滿自信的成功女性，變成一個看起來無可救藥的失敗者？差不多同一時間，我發現自己和男朋友道格的關係出現問題，此時我們已經交往五年，卻都沒有辦法讓彼此的關係更進一步發展，我們之間卡住了！

這是一種中年危機，但是我的狀況實在是糟透了，我覺得自己乏善可陳、不堪一擊。我不知道從哪裡扭轉危機，但是我知道自己遇到麻煩了。我感到自己毫無人生目的與方向，覺得缺乏工作動機，就某種程度而言，個人生活同樣缺乏動力。各種承諾似乎成為我的絆腳石，不管是承諾要在特定的工作層面中更上層樓，或是承諾要改善自己和男朋友之間的關係，都讓我覺得窒礙難行。

我竭盡所能去適應這種充滿挑戰的全新狀態，因此搞到筋疲力盡。我參加 Google 內部所有訓練課程，卻被告知缺乏完善的溝通技巧，以及欠缺「大將之風」。我沒有讓我們的團隊企劃展現最好的成果，也就是說，我沒有善盡職責。我達不到營運團隊設定的目標，也無法對更高層的管理團隊產生貢獻。在連續數個月的課程裡，我一直收到類似的反饋意見，而且沒有顯著的改善。

　　我陷溺在負面的自我對話中。不確定我是否達到主管眼中的期望，覺得工作卡住無法施展，就和人際關係受阻的情況如出一轍。我必須帶領團隊進入下一個階段，我渴望能夠提供團隊明確且具有建設性的反饋意見，卻不知道該怎麼做到。我覺得自己像個失敗者。離開辦公室和道格共進晚餐聊天的時刻，我卻一味地哭泣，這樣的畫面經常上演。

　　我的心理狀態一團混亂，每天的自信心都比前一天多蒸發一些。我覺得自己好像輪子一樣高速旋轉，我知道改變是無可避免的。在一個春天的早晨，我的主管瑪格麗特對我傳達了一項訊息。我和她坐在那間冰冷、一塵不染的會議室裡，當時我感到又困惑又疲累。她跟我解釋，即使根據一大堆評估來評定我在行為表現、工作，以及努力上應該做些什麼改變，問題還是如何又如何地「無法解決」。這些話在我聽起來，意思就是：「瑞秋，妳真是個無可救藥的失敗者！請妳馬上離開這棟大樓！」

　　那天瑪格麗特讓我自己選擇，我可以選擇在情勢惡化到不可收拾之前，另外找一個新的職位；或者選擇留在原職，然後持續收到績效欠佳的評估，而且很可能直到我被開除之前，情況都會如此。我必須參加一項為期九十天的改善計畫，幫助我重新回到工作的正軌。這兩個選項看起來都對我很不利。我覺得被誤解，絕對不是因為我不努力或沒有企圖，所以事情才沒有良好成效。我必須在隔週交出一份回應計畫，但是我怎麼可能在這種狂亂的心理狀態下，做出任何決定？

　　那天我帶著鬱悶且不知所措的心情離開辦公室，想著自己的工作到底為什麼會變得如此脫軌。在我擔任客服經理之前，我一直是個高績效的人，而現在工作表現怎麼會變得如此差勁？不管我多麼努力想要成功，事情為何會發展得這麼離譜，到底是出了什麼差錯？那個星期五要回家的時候，我一路上東晃西晃，心裡想著，是不是要在接下來的星期一辭去所有的職務。我問自己，是不是應該在那個週末，開始物色其他工作機會，或是帶著被汙衊的信譽與嚴重受創的自尊心，在 Google 內部找一個新的職務？我走過一個又一個紅綠燈，內心反覆思量，一直在兩個選項之間舉棋不定。姑且不論我想投哪家公司的履歷，或是哪種職務，我實在不適合在這種不健康的心理狀態，去找新工作，關於這一點我有自知之明。我知道自己需要改變，卻不知道應該從哪裡著手。

　　那個星期六，我透過 Skype 和兩個最要好的女性朋友進行視訊，這兩個朋友一個叫凱薩琳，一個叫蘇。當我跟她們解釋最近面臨的崩潰處境，腦中突然靈光乍現。「Google 有提供留職停薪的機會！」我大聲地跟她們說，「或許我應該留職停薪！」

　　視訊的另一端沉默著。我不知道那一頭的靜默無聲，是因為視訊流量延遲造成的，或是刻意保持沉默。然後，我的兩個好朋友幾乎是同時出聲，贊成這是個很棒的想法。蘇提出的建議簡直塞爆了我的腦袋，像是去拜訪她、到海邊散心、去歐洲玩，以及心安理得地縱情享受一些耍廢放空的時刻。

「瑞秋妳知道嗎？我把以前的老闆當成人生導師，有一次他問我，如果我知道我一定不會失敗，我會怎麼做？」蘇告訴我

「我肯定不會待在這份工作！」我笑著回答。蘇跟我解釋：「那就表示妳不應該擔心失敗。讓妳自己好好釐清該做什麼吧，妳要知道，不管妳做了什麼決定，經歷失敗不代表一敗塗地，除非妳真的這麼認為。」

我靜靜地坐著，用心汲取她給我的真知灼見。

就在好友們的鼓勵，以及不要把現在的工作狀況看成是失敗的同時，我的腦海裡關於申請留職停薪的想法，愈來愈強烈。雖然留職停薪必須等主管批准，而我將沒有收入，但還是可以保有公司的福利。這正是我一直在等待的那張通行證。我可以重新思考，並且重新啟動未來的人生路。

讓自己喘口氣

剩下來的週末時光，我都在想像接下來的計畫。我有九十天的休假耶！我覺得我有責任將現在的自己回收，重新認識人生目標。我可以換檔再出發，可能是在 Google 內部或其他公司找個新職務。讓自己「放空」，什麼也不做，這種誘人的想法一直在腦海裡催促著我。我可以從容地好好想清楚，自己真正想做什麼，然後放手一搏；我可以重新建立自信，我真的非常需要重新找回自信；或許我會去旅行。所有這些想法看起來都很可行，我

發現自己在笑，這是過去幾個星期以來，我第一次露出笑容。我在經濟上沒有後顧之憂，可以安心享受留職停薪的假期。多虧我有節儉的美德，懂得把在紐約布魯克林區，全力打拼的那段日子所賺取的微薄薪水積攢下來。也就是說，我懂得未雨綢繆，在晴天的時候，已經替自己積好雨季的糧食，那是一筆為數可觀的現金。現在，就是我動用雨天存糧的時候！

此刻我所需要的，就是我的頂頭上司瑪格麗特給我通行的綠燈：放行！我開誠布公地清楚鋪陳自己的想法，我告訴她：「我認為現階段對我最好的做法，就是申請長假。我查過 Google 關於留職停薪的政策規定，對我而言，這是最好的選擇。我覺得自己現在身心俱疲，根本沒有辦法制訂任何理想的工作決策，我的腦袋需要重組與再造。所以，我希望您可以同意讓我留職停薪九十天，讓我暫時離開 Google。」

她答應我會跟她的主管討論這件事，並且讓每個主管知道我有此打算。她同時拋出了她的想法。我們一致認為，我不應該再回到現在的崗位上，我要在六個星期找到接替的人選，與其完成職務交接，並且移交我手頭的計畫。我將在 6 月 1 日開始新的探險旅程：我的人生新頁即將展開。

我覺得自己像個雀躍的女學生，熱切規畫著我的暑假計畫。替自己申請休假九十天，好好想清楚自己接下來重要的職涯方向，當時能有這樣的想法真是天賜福音。因為不管是從心理上、生理上或是情感上來看，除了休假，我當時的狀態根本不允

許我做任何其他事。

　　我知道在前方等著我的，是更好、更重要的事，那是我新生的契機。我對未來有個計畫，雖然我還不是那麼清楚該如何規畫它，但我知道自己不會再糟糕透頂，也不會再陷入負面思考模式裡。我再度感到心情愉悅，這是過去好長一段時間以來，第一次有這種感覺。我已經準備好要跟所有的掙扎、失敗，以及沮喪說再見！

練習聆聽內在聲音

在這本書每一章的最後，都會有個單元，叫做「練習聆聽內在聲音」，包括問題和練習。我建議，寫下自己的回應及見解。你可以整理成日誌（或是我所謂的一本「出走手札」），以記錄你練習時浮現的靈感。

隨著呼吸律動

我建議，在進行每一章的練習之前，先進行呼吸的練習，並且把這個部分當成例行的生活項目之一。你可以實驗，看看在什麼時機練習，對你而言比較可行。透過這種練習，你可以有意識地輕鬆扭轉當下的心理狀態。請把這項演練帶進生活中，隨時隨地練習，不管是起床之前，或吃早餐時，或在車上，只要你覺得可行就可以。隨著呼吸律動，是幫助你進入暫停時刻最有效的竅門。

找一個安靜舒適的地方，在那裡你可以保持專注，好好坐下來。如果你是坐在椅子上，切記要坐正，脊椎挺直、雙腳踏實地踩在地上，就好像在地上扎了根一樣。如果你是坐在地上，請你盤腿或坐在軟墊上，讓你的骨盆要稍微向上提起，高過你的雙腿。

1. 閉上雙眼並且專注於你的呼吸。
2. 做一次徹底放鬆的深呼吸。從鼻子吸氣數 5 秒，然後從嘴巴

吐氣，用穩定的節奏數到七。重複五次這樣的呼吸。如果你想要更專注於自己的呼吸，那麼你可以把你的手放在肚子上，隨著橫膈膜的上升與下降去感受它。

3. 五次呼吸練習完畢之後，隨著下一次的吸氣，在心中默念或是大聲說出來：「我活在當下！」

4. 吸氣！然後在下一次呼氣時，在心中默念或是大聲說出來：「我會傾聽自己內在的聲音，好好認清什麼才是對我最好的。」

5. 接下來的 30 秒專注於你的呼吸，交替進行上述的兩個階段。不必去想到底需要花多久時間才算完成練習。只要你感到身心安住當下，並且覺得很放鬆，那就表示你的練習已經到位了。如果你覺得焦躁不安，那就重新回到呼吸數秒就可以了。試著不要做任何評判，單純關注呼吸就好。

6. 注意你的身體以及感官，或是情緒在練習過程中所發生的變化。然後在日誌中寫下你的觀察，或是你所經歷的事。我們的目標是 3 ～ 5 分鐘不間斷地書寫。

如果你選擇出走，你的計畫是？

如果出走的時間長度是：

◆ 幾分鐘

◆ 一小時

◆ 一天

◆ 任何期間，長短不拘

　　想像一下，在上述每一個例子裡，你的感覺將是如何？你還會想要其他的出走時刻？舉例來說，你會想要把時間花在特定的人，或是特定的團體上嗎？你會想要去學習一項新的技能，或是從事你最熱愛的嗜好嗎？你會想要連結某人，來轉移一種關係嗎？什麼對你來講是很重要的，會讓你想要開始去做？不管你的選擇是什麼，對你來講都是獨一無二的，因為一切只為你自己。這是你為自己啟動暫停時刻所跨出的第一步。

2

需要出走的五大警訊

「優秀」不可能不勞而獲，它一定是靠著強烈的企圖心、
努力精進，以及善用天賦交織而成的結果；它體現出一個
人面對許多選擇的交叉口時，所做的明智抉擇。決定你的
人生命運的，是「選擇」，而不是「機會」。

—— 古希臘哲學家　亞里斯多德（Aristotle）

你可能像我一樣，剛開始的時候，人生處在一種相對令人
滿意的狀態。你在人生中占有一席之地，可能擁有一份特殊的職
業，或者你可能是家中的主要照顧者。你對人生的各方面感到滿
意：事業順遂，經濟狀況穩定，而且工作待遇不差；你甚至可能
和一個心儀的人維持和諧美好的關係；你的家人或許無法隨傳隨
到，但算是可以相互支持、關懷與照顧。從各方面來看，你的人
生很成功，你對於自己迄今所完成的一切，感到心滿意足。換句
話說，你替自己開創了幸福人生。

但是，不知道怎麼回事，最近事情開始變得不太對勁，焦躁
不安趁隙溜了進來。你可能在一天當中，有好幾次覺得自己快要

被榨乾了，而你那看似幸福美滿的人生，好像開始出現了裂痕。於是你意識到，你原本以為固若磐石的安穩生活，好像並不是那麼堅不可摧。從外人的眼光來看，你目前的人生應該算是成功的，其實，你很可能忽略了自我的滿足與實踐，甚至忙得無暇思量下一步該怎麼走；你大概覺得自己有義務取悅他人。獲得物質上的報酬可能是你主要的目標，或者說，那是驅策你前進最主要的動力之一。

現在我要請你深呼吸（如果你願意的話，暫停一下）。然後，問問你自己：「我的內在與情緒目前處在何種狀態？是否能夠順應我所處的外在環境？」換句話說，你的內心與外在環境達到和諧狀態嗎？這對你的心靈有何影響？你可能不再像以前那樣，覺得自己的人生很成功，或者少了你慣有的衝勁，這種感覺就是有些人所謂的落入窠臼。

當我開始考慮要啟動我自己的暫停時刻時，我注意到有五大警訊或是線索，一直在那裡尖聲喊叫：「危機四伏！請審慎以對！」剛開始的時候我一概不予理會，但是每一種警訊都愈發強烈地提醒著我，應該要做些改變。我需要出走！如果你的生活裡，出現了以下的一種警訊，那麼，恭喜你！你聽到的這記人生警鐘，來得正是時候，可以幫助你針對自身所處的環境進行評估，並且修正你的人生課題。

警訊 1：過去你熱愛工作，現在卻感到厭煩

在我的經理人生涯早期，我每天帶著愉悅的心情與興奮的感覺去上班。滿腦子想著：有什麼問題等著我去解決？應該要克服什麼挑戰？如何在公司所設定的產品目標與滿足客戶需求之間，求取平衡？在我接下這個新的客服經理職位時，許多充滿挑戰的全新責任隨之而來。即使我過去身懷絕技，但是那些東西在我擔任經理人的時候，全都派不上用場。過去，我被認定是個很棒的溝通者和發言人，但是現在我卻被告知應該展現大將之風，而且應該能夠傳遞清楚、明確的訊息；我沒有發揮好的聆聽技巧。所以，我經常在會議中被檢討。我必須帶領我的團隊進行工具創新，但是我們進展得不夠快，而且看起來似乎是卡關了。或者，更進一步來說，其實是「我」前進得不夠快，是「我」卡關了！

我的壓力超過負荷，我沒有辦法不去想自己的表現有多麼差勁，於是自信全失。幾個月過去了，我持續專注於負面思考中，然後開始對這些想法深信不疑。我陷在一個向下沉淪的漩渦裡，負面的想法順著渦流彼此滋長。這樣的情況讓消極的行動愈演愈烈，因此產生更多負面的想法。心理循環作用充分發揮效應，我覺得自己的能量正在快速燒盡。就外在來看，我日常的現實狀況一點也沒有改變；至於我的內在，那又是另一個故事。總之，我整個人陷入一團混亂。

儘管過去你一直對這份工作感到興致勃勃，而且用心投入，

但你覺得自己不再喜歡這份工作嗎？這種感覺就好像你所做的事，已經不再有成就感，或者說有種倦怠的感覺，對嗎？如果你所肩負的責任並沒有改變，但是突然間你對於工作表現的感覺變糟了，這很顯然大事不妙了。這時請你暫停一下，或者請你有意識地轉變自己的行為，這樣做能夠幫助你重燃對於自己工作的熱情。

那種不太妙的工作績效轉變可能是許多原因造成的。最後，你至少會產生一個自我貶抑的念頭，然後在你意識到之前，這種負面的想法已經愈滾愈大。像是「我做不下去了！」，或是「我的工作表現怎麼會這麼糟糕呢？」等的想法，將成為你新的座右銘，讓你再也無可迴避。

滿足自己更深層的渴望

這聽起來是不是有點熟悉？這就是所謂的「職業倦怠」。什麼原因造成職業倦怠？當你現在死命剝奪自己的情感和養分時，到頭來倦怠將會是嚴重的副作用。這是什麼意思呢？知名教練兼教育家鮑伯·萊特（Bob Wright）曾以淺白話語解釋：「想像你自己是個捐血人。你定期去捐血，卻從不為了補充體力，並儲備下次捐血所需而吃東西，或是從未接受輸血（來自其他捐血者的血液）。隨著時間過去，你愈來愈沒有活力，也不再覺得自己夠強壯、夠健康、夠資格去捐血。無論是在生理上或是心理上，你都感到疲倦、虛弱與乾枯。照字面上來講，是你讓自己血流殆盡，

因為你不去理會自己內心的渴望，也沒有用心投入生活，好讓自己在情感上覺得受到滋養與滿足。」[1]

我把全部的心力放在工作上且奮力不懈，但是其實這麼做的時候，應該在滿足自己內在更深層的飢渴，或是在所謂的渴望之間求取平衡（關於這一點在警訊 3 中，會有更多的闡述）。或許你可以和一個人面對面產生密切的連結，然後給予或要求一個擁抱；或許你可以花一點時間，百分之百心無旁騖地陪伴你所愛的人、小孩或寵物。不要害怕表現得情緒化，或是在試驗的過程裡犯錯，也不要害怕真正和他人交往互動。所有這些做法都能幫助你避免陷入職業倦怠。不要任由自己坐以待斃，而是要做一些對自己有意義的事情。

警訊 2：老闆質疑你的工作表現

沒有比收到這種消息更糟糕的事了。以我的情況為例，我的老闆告訴我，她覺得自己就像是一卷壞掉的錄音帶，一次又一次，重複播放著我哪裡失敗的具體例證。我們屢次談到我乏善可陳的績效表現。

瑪格麗特不帶情感地說：「你必須成為一個更有效的溝通者！」、「你對於自己的想法必須有堅定的信念。」對她而言，這是一種信號，說明我沒有大刀闊斧採取行動的決心，也說明我不是一個具有魄力的經理人。事後看來，我沒有辦法做出決定是受

限於我的自我質疑。我知道如果我想要在工作上獲致成功，就不能再繼續這樣下去了。

　　類似的情況發生很多次，它們彼此加乘。我收到一些提示，告知我「什麼地方」需要改進，但是我卻不知道「如何」改進。瑪格麗特已經沒有耐心像之前那樣不厭其煩地告訴我，如何讓我的局勢有所突破。最後她得出一個結論：「妳無法勝任這個職位！」

　　你很可能也曾經從頂頭上司那裡，接獲類似的訊息。許多時候，這類訊息會和像籤詩一樣的粉紅色解僱通知書，一起送到你的手裡，然後會有人護送你，一路從你的辦公桌，走到離你最近的出口。但也有可能以其他的方式呈現，像是出現在績效評估報告中的一個巧妙的註記；或是當你和你的上司，在一個看起來沒有那麼正式的會議中談話的時候，帶到這個話題；或者某個看到（或聽到）你有燃眉之急的人，所給你的建議。

　　當你還沒準備好接受某件事之前，很容易先採取否定態度，我之前也是這樣。每次瑪格麗特給我反饋意見時，我都聳聳肩，好像那只是她在吹毛求疵，沒什麼大不了。每次的狀況都是一個小型危機，而現實就是，我沒有解決任何問題。我把它合理化，認為那是瑪格麗特看不到我對公司的所有價值。我說服自己，認定瑪格麗特根本就「錯了」，她就是不肯承認我所有了不起的、令人讚賞的工作表現，以及我所貢獻的成果。我的內在自我一直對我疲勞轟炸，編造出一個自我說服的故事，這是一個「我對抗

他們」的故事，而「他們」大錯特錯！

如果我沒有採取暫停行動，那麼我在未來的任何工作上，或者是生活的任何領域，都可能依循這樣的模式。暫停是給自己的一份禮物。只要你能夠轉變行為，你的熱情和精力就會出現，這能夠幫助你在一個更適合你的環境裡，達到內外平衡。如果你能夠有意識地、客觀地看待的處境，將能加深自我覺醒，而改變也就更有可能發生。暫停一下，是改變思維模式的一種前瞻性的做法，如此一來，你便能夠往前邁進，找到一個可以安住身心的地方。出走，讓你有機會把不適合你的東西抽換掉，並且讓你勇於承擔責任，而不是貿然跳進下一個活動、角色或是工作中，然後再讓過去的模式重頭來一遍。

警訊 3：你太沉迷科技

你應該很有可能在白天的某個時候使用網路，例如查看臉書動態更新、看推特上的推文，或是在任一個社群網站瀏覽朋友的照片而流連忘返。你極有可能在工作或是生活的某些層面，和科技產生連結，而跟現代多數人一樣，你「盯著螢幕看的時間」可能有點太多了。換句話說，你可能需要對科技進行介入。

就我的情況而言，這種干預是必要的。當我決定進入出走模式，我在商學院最好的朋友凱薩琳答應和我來個三天的小旅行，當作我啟動暫停模式的開幕式。我們前往加州的索羅瑪郡，

那裡是葡萄酒之鄉的心臟。她當時正在待業中，或者說正處於她的暫停階段。她是個典型的紐約客，急性子，講話直來直往毫不避諱。她總是直接了當告訴我她的想法。當我們離開舊金山的山丘，往北通過舊金山大橋的時候，凱薩琳跟我說了一些她對我的看法。

她說：「瑞秋，你花太多時間在科技上了！你似乎有點太過迷戀，你必須和科技保持更大的距離。每次我看你，你總是在查看你的電子信箱、工作，或是掛在網路上。我認為你不應該再繼續沉溺這種行為了。」

我轉過去看著她冷靜地說道：「這干擾到我的生活嗎？」

「是的！」她嚴肅地回答，「你需要拔掉插頭，重新回到真實世界。如果你一直這樣過度使用科技產品，你要如何讓自己發揮正常的功能？」

我那時剛進入暫停階段的第一天，而我正在直視著自己的真實情況。我是如此投入工作，並且專注於最終的目標，以至於忘了什麼對我才是最重要的。我痴迷於清空電子郵件信箱的收件匣、完成報告，以及取悅他人，卻忽略自己。我失去做為一個人應該有的眼界，並且失去存在感。我知道我有時候會失去分際，也就是我把工作排在朋友或是家人的前面，我會在週末工作，而且離不開電腦螢幕。可悲的是，這正是我的真實寫照。我的週末提早在星期天下午就結束了。我覺得自己有義務要回覆電子郵件，好讓自己對於星期一上午需要處理的任何議題，有心理準

備。我不知道我可以選擇在週末脫離工作，相反地，我以為這樣做是正常的，而且符合他人對我的期待。

你的生活裡，是否曾出現像我那樣明顯的干擾。你的情況可能更微妙一點。舉例來說，你的伴侶可能會暗示你，他或她覺得你更喜歡愜意地使用你的電子設備，而不是和他或她在一起。道格從來沒有這樣說過，但是我敢肯定，當我使用電子產品時完全心不在焉，害他必須和電子產品較勁，讓我轉回注意力，他應該數度萌生這類念頭。或許你的朋友對於你參加社交活動，或共進晚餐時，會接聽和工作有關的電話已經習以為常（從他們絲毫不顯訝異的表情中，就可以知道）。

然而，你現在聽到一記人生警鐘，知道了解潛藏在你的行為背後的動機很重要。你為什麼會和某一項科技產品，或是應用程式產生密切連結？對我而言，我是想要滿足自己希望受到重視的渴望。哇！有人發電子郵件或傳簡訊給我耶！這真是太棒了！透過這些科技互動所傳遞的一些小小的訊息，我知道自己雖然在工作上遭遇挫敗，但還是有人重視我。我藉著在社群網站上所產生的非正式連結，以及透過回覆電子郵件，讓自己感覺好過一點。

我當時沒有料到的是，我這麼做，其實忽略了自己內心的渴望。我用表面的方法和他人連結，覺得這樣就是和他人處於「通電」狀態，想要藉此滿足自己內在深層的飢渴，或是渴望。如果你覺得自己一直有一股衝動，想要重複檢查是不是有新的訊息進來，其實你可能並沒有順應自己內在真正的渴望。而這正是你需

要進行科技干預的時候，哪怕你必須進行自發性的干預。

　　教育博士茱蒂絲‧萊特和鮑伯‧萊特在《吵架吧！我倆明天會更好》（*The heart of the fight*）這本書中，把「內心的渴望」定義為「最初為了生存而發展出來的適應機制」[②]。萊特夫婦指出，我們每個人，也就是地球上 70 億人口中的每一個人，天生就會產生渴望，而這些渴望正是驅動我們和他人產生關連、建立緊密的關係、與他人結為社群，並且發展自我的動力。你想要得到安全感嗎？你渴望被愛、被在乎嗎？你渴望變得不一樣嗎？這是一般人普遍會有的一些欲望或渴望。

認同自己當下的感受

　　人類天生就有產生渴望的機制，而且終其一生都會有渴望產生[③]。演化給人類的獎勵是：如果我們順應內在的渴望，身體系統就會產生一連串的神經化學物質，讓人感到愉悅[④]。在特定的時刻，我們可能會出現五大情感中的任何一種：恐懼、受傷、憤怒、悲傷或快樂[⑤]。我們的情感和渴望之間，有直接的關聯。我們愈能認同自己當下的感受，就愈能清楚表達感受，並且滿足自己內在的渴望。你是不是常常想要說些什麼，或者分享你的感受，但是後來又覺得不值得做，或是沒有照著一開始的想法做？每次你判定不值得做，就某種程度而言，你透露的是：不值得為「自己」這麼做。

　　這就是為什麼對科技進行干預那麼重要。如果我們沒有滿足內在的渴望，它們就會以其他的方式浮現，像是流連於社群媒體，希望透過科技和他人產生連結。如果你能學會在任何特定時刻，都能把表層的欲望（讓我檢查一下電子郵件）和深層的渴望（我想要一個擁抱）區分出來，你就愈能專注實現潛藏於內心的渴望，而且會感到更加滿足⑥。我們表面的行為其實說明了更深層的渴望。我們都很難抗拒社群媒體，如果你想把科技替換掉，好讓自己和他人的連結更為緊密，那麼對科技採取干預手段，可以幫助你回到正軌。

　　在你生命中，哪些面向的渴望可以得到滿足，哪些面向無法得到滿足呢？如果你必須在生活裡的特定面向採取干預手段，會是哪些？仔細檢視，看看你滿足了哪些面向的渴望，或者看看哪些面向無法滿足，這樣你就可以改變自己的行為，讓自己做出抉擇，讓你的人生獲得更大的成就感與滿足感。

務必避開干擾

　　我們不應該勉強自己安於欲求不滿的狀態，你應該問問自己：「我渴望的是什麼？」把你的渴望表達出來，並且追隨心中那份迫切想要滿足渴望的感覺行動。請你千萬記得，只能直接透過人與人之間的互動與連結來滿足你的渴望，而不要透過電子設備。

有時候，如果我們所見所想的，都只停留在表層的東西，很難認清什麼才是我們內心深層的渴望。進入暫停模式可以讓你提高自我的覺醒，並且順應內在深層的渴望。如果你倚賴一些干擾物質，很有可能你已經偏離正軌。如果你想要發掘內心的渴望，試試看鮑伯和茱蒂絲夫婦稱作「這樣我就可以……」的測試[7]，那是個很棒的方法。

想一件你心裡想要做的事，譬如說去度假（或者是暫停一下）。如果你把「我想要○○○，這樣我就可以……」的公式，套用到你想的這個欲望上，新的渴望層面就會顯露出來，例如：

◆ 我想要去度假，這樣我就會覺得壓力小一些。

◆ 我想要覺得壓力小一些，這樣我就能夠放鬆且在海邊浮潛。

◆ 我想要在海邊浮潛，這樣我就能夠體驗刺激。

◆ 我想要體驗浮潛的刺激感，這樣我就能感覺活著。

◆ 我想要感覺自己活著……我渴望真實感受到活著。

你的渴望是什麼？你通常採取表面行動去安撫你內心深層的渴望嗎？

暫停一下，是讓你認清內在渴望的一種好方法，它可以幫助你把表面的行動，轉換成順應根植於內心的深層渴望的行動。其實不需要進行什麼正式的干預儀式；你可以隨時出走，認清你的渴望，讓你的行為呼應你真正在乎的事。

以下列舉幾項一般人會產生的渴望[8]：

◆ 想要感覺自己活著（想要充分體驗、創造人生，想要能夠
　表達、學習與成長）

◆ 想要獲得安全感（想要有存在感、想要與他人連結，想要
　有信任感）

◆ 想要被愛（想要去愛人、想要被欣賞、想要有歸屬感，想
　要有愛的連結）

◆ 想要有影響力（想要被肯定有價值、想要貢獻，想要帶來
　不同）

從靜修旅程蛻變

從有意識的臨床工作者到轉型教育專家
茱蒂絲・萊特（Judith Wright）

　　茱蒂絲・萊特是我的老師，也是我的人生導師，更重要
的是，她是我心目中的英雄。她在整個高中時代一直保持領
先群英；在職業生涯的早期投身創新的服務工作，協助身心
障礙的大學生不僅能夠繼續深造（這在當時是一項創舉），

而且能在教育領域和社區生活中發光發熱。在她擔任伊利諾發展障礙研究中心（Illinois Institute for the Study of Developmental Disabilities）臨床部主任時，替家裡有身心障礙兒童的家庭，開發一套新的、跨領域的服務援助及社區支援整合模式。她和她的先生鮑伯‧萊特共同創立了非營利的「萊特基金會」（Wright Foundation），致力於推廣「實現人類潛能」（Realization of Human Potential），同時設立「萊特研究所」（Wright Graduate University），在社會智能及情緒智能兩個領域，提供研究生證書學程，而在轉型領導和轉型教練兩大領域，則提供碩士和博士學位。

　　預算：足夠支付汽油、食物和靜修所需的費用

　　期間：一開始是在週末；現在則是每年固定撥出一星期的時間，以及每天利用一些片段的時間

　　觸發關鍵：雖然茱蒂絲的臨床工作帶給她智識上的豐富挑戰，但是她總覺得有種失落感，她覺得並沒有觸及自己的直覺，以及內心深層的本質。她希望能夠順應自己內在的渴望，就是希望能夠感受自己真實活著，希望對生活有參與感和成就感，藉此讓自己重生，並且重新認識自我。當她離開熟悉的一切，她想要去探索什麼對她而言才是最重要的。

　　計畫：茱蒂絲開始執行她的出走計畫，剛開始是每個月找一個週末，來一段個人的靜修之旅，她把腳踏車放上車子

後頭，便開車出發。茱蒂絲把時間花在盡情探索當地社區與一些景點，從橡樹園到湖邊都有她的身影。她的旅行通常是置身於一個最能讓她的靈魂重獲新生的空間：大自然。她會騎上自行車一路騎好遠，在大自然中漫步，閱讀啟迪人心的書，聆聽會讓人獲得力量的音樂，或是隨興寫寫日誌。她總是在禱告中或是靜觀練習中，進入暫停狀態。這種做法可以幫助她和自己的靈魂更緊密結合，而且對自己有更進一步的認識。

在靜修旅程中，茱蒂絲不管到哪裡，都把科技產品的使用程度降到最低：她的原則是不使用電話、筆記型電腦，或是任何電子產品（除了做為寫日誌的用途外）。她一直到今天，都還持續這種與自己進行深度連結的練習，每天早上都會暫停一下，進行一種她為自己創造的日常儀式，透過這種儀式，反映出自己與人性中神聖的一面的關係，並且讓自己專注於當天的目的；此外，隨著她持續不斷地向內觀照自己的靈性與視野，她在一天當中，也會定期加入一些暫停時刻。

茱蒂絲原本只在週末進行的靜修之旅，最後演變成一年一度為期一週的「心靈朝聖之旅」，這是她從 1987 年以來，一直堅持的一項傳統。一開始，她的計畫很簡單，她會到世界上最神聖的地方去探索和旅行；每年挑選一個地方，在那裡學習當地的精神傳統、會見當地的精神領袖，創造並參與

一些神秘的經歷。後來，她的旅行故事慢慢地傳散開來，於是她擴大邀請在萊特基金會學習社群裡各宗教信仰的學生，和她一起踏上內外雙修的旅程。將近三十年來，茱蒂絲和學生造訪名聞遐邇的聯合國教科文組織世界遺產景點，也造訪當地位置僻遠的朝聖之處，她的學生在旅程中遇見精進實修的靈修專家，透過和其他宗教的邂逅而更深入了解自我，同時加入當地社區活動，分享禪修、誦經、祈禱與學習經驗。

影響：現在，茱蒂絲採行許多替自己量身打造的出走模式，這些暫停模式和她為自己開創的快節奏生活配合無間。出走讓她在思想上產生一些微妙的變化。她領悟到，沒有任何事情「非要」怎麼樣不可，或者非怎麼做不可，還有自我的價值並不是透過外在的成就來彰顯。「我清楚知道自己的感覺為何，內心的渴望是什麼，以及什麼對我來說，才是真正重要的，而我就根據這些採取相應的行動。」茱蒂絲說：「從外表看起來，我的生活似乎和過去沒有兩樣，但是從內在來看，是非常不一樣的。我真實感受自己的生活。每一天都讓人感到很踏實。我了解到，只要我願意，每一刻都可以領受生活的豐滿喜悅。我愈來愈能依循內心的羅盤以及靈魂的指引來過日子。進入出走時刻，讓我得以聆聽自我內在的智慧之音，所以我決定每一天都會持續讓自己聆聽。」

☀ 練習從日常中出走

探索、追隨並表達你的渴望

通往幸福之鑰就在於養成一種紀律，經常關注並表達你最深層的渴望：在人與人之間，付出愛與被愛、重視、連結，並創造不同。你可以在每一個當下與你的渴望產生連結，並且根據你的渴望來行動。請注意，這和逃避或者盲目順從表層的欲望是不一樣的（茱蒂絲把這類的表層欲望稱作「軟癮」（soft addictions），也就是那些你以為可以快速見效的解藥或是習慣，像是衝動購買，或是時不時就要去查看一下電子郵件，非但無法彰顯你內在的渴望，反而會讓你的渴望被消音，或是讓你對它麻木無感）[9]。如果你想聽見內心深層渴望的殷切召喚，那麼就請你把頻道調準，用心去接收。

用心參與活動，或順應內在渴望而行事、思考與感受

用心參與不僅意謂對你的渴望採取行動，像是寫日誌、閱讀、聽音樂，或者是參加一些自我覺醒的活動，更意謂和一個人面對面相處時，必須人在心也在，也意謂著你必須能夠覺察自己的感覺，必須用心投入參與生活的全部，你必須放膽去冒險學習、成長與發展。

讓暫停時刻成為生活的一部分

　　除了一年一度的朝聖之外，茱蒂絲多年以來每個星期都會抽出一天，遠離工作，出走一下，她把這個叫做「安息時光」。由於她的生活型態已經擴展成有愈來愈多的週末培訓、研究和寫作，而沒有排行程的日子愈來愈少，因此她學會在最忙碌的日子裡，如果真的只能抽出一點時間，那就把這種安息時光，安排在能夠擠出來的幾個小時內，或是幾分鐘內進行。如果茱蒂絲想要暫時讓自己從棘手的計畫中抽身，讓自己喘一口氣；或是剛剛結束一段尖銳的對話，想休息一下，她不會選擇放縱自己沉迷於麻木心智的習慣，而是選擇進入迷你型的安息時光，像是讀一篇激勵人心的短篇故事，日落時分在樹林間進行越野滑雪，或是和先生來一段即興的雙人舞。重點不是在一個固定的時間框架裡進行暫停，而是要找到你自己的節奏，把關注焦點放在你內心的渴望，順著它的需要而啟動暫停，用心聆聽你內在的聲音，更全面地感知你的心歸向何方。只要你可以把進入暫停模式當成一種例行的儀式，不管多久進行一次，每次進行多久都無妨，那麼進入暫停時刻將可以幫助你重新認識自我，並能讓你依循你的渴望而活。

警訊 4：發生重大的生命事件、挑戰或變化

如果最近你的生活在任何方面發生了巨大改變，這其實是藉此反映和評估結果的好時機。我所謂重大的生命事件，指的是那些能夠轉變你的行為模式、情感表達方式，以及時間運用方式的事件。有可能是好事，也有可能是不好的事；可能是健康診斷的結果，也可能是一段關係的開始或結束；可能是親愛的孩子出生，也可能是摯愛的人離世。你是否對於某種變動、某個家庭成員，或者某種生理或心理的健康狀態有所擔憂或恐懼？面對新的作息表或是新降臨的責任，你可能感到很難適應。

既然改變無可避免，那麼暫停一下，可以讓你對所有可能的選擇，或是在採取下一個動作之前先做評估，這是幫助你做出明智抉擇的大好機會。出走能夠為你創造一點餘地，讓你有機會評估你的選擇，並且幫助你把心力投注到對你重要的事情上。這可能是你的渴望或是對你最重要的事所驅動的。重要的是，如果你願意給自己時間暫停，即使只是呼吸的瞬間，你都為自己創造了一個讓新的思維、情感、渴望或是行為浮現的契機。啟動暫停模式或是轉變你的行為，對於你的未來將有深遠的影響。

注意生活七大面向的變化

你是否曾經想過一個單一的變化，如何能夠激起漣漪，進而牽動生活的各個層面？阿爾弗雷德・阿德勒（Alfred Adler）是公

認為是現代個人心理學中，最有影響力的思想領袖之一。在他的
諸多貢獻中（有些學校專門致力於教導他的做法），有一項重要
的概念，教導人們探索人生三大主要面向：工作、社會和關係的
各種情況[⑩]。鮑伯和茱蒂絲‧萊特夫婦把這個概念擴充成涵蓋七
大面向：身體、自我、家庭、事業、關係、社區和靈性。

　　如果我要檢視我原本的狀態，以及因為一些干擾所導致的生
活各種不同面向的變化，我會這麼分析：

　　狀況：對於工作的投入我幾乎沒有底限，而且永遠覺得我就
是應該把工作擺在第一順位。我在工作中肯定自己的重要性。

　　限制性信念：我工作，所以我存在；除非我正在工作，否則
我不夠好。

　　內在渴望：希望在他人心中有份量，並能感覺自己與他人有
連結，真正與他人互動（相較於透過電子設備）。

　　行動：我可以選擇何時以及如何使用科技產品，把維持人際
關係的優先順序放前，儘量時時充分的關注。

　　採取這樣的行動，人生的七大主要面向隨之改變：

　　身體：我覺得較放鬆、較沒有壓力。可以睡得較好，而且身
體得到休息。

　　自我：當我知道工作是可以控管的，我感到自在多了。當我

把關注的焦點放在自我的滿足感，並了解自己的工作狀態，而不是從自身以外去尋求肯定時，我發現自我意識也正在發展。

家庭：我把更多的時間留給家人，同時把家人的優先順序排在前面。我知道我在家裡很重要。

工作／事業：我有一些特定的時間專注於工作。我和經理一起找出什麼樣的工作界限，對於我和我的團隊是最行得通的。

關係：我對人際關係的經營更用心更投入。我覺得比以前快樂，而且和他人的連結也更緊密。

社區：我覺得自己比以前更用心和他人相處。當我走在社區的街道上，我會和他人微笑、打招呼。

靈性：我覺得自己與內在的聲音有更緊密的連結。如果我覺得自己不得不調整一些界限，或者面臨絕無僅有的選擇關口時，我會向內尋求指引。

現在請你想一個你想改變的情況。你如何以不同的眼光看待上述各個面向？

生活的契機

一旦開始把任何生活變化都視為機會或是禮物，請進一步了解背後更深層的意義，並且把它當作可以另有一番作為的契機。

　　不管你的生活裡發生了什麼事情或是挑戰，那都是讓你可以重新校準，並且暫停一下的絕佳機會。你可以觀照你的內心，注意聆聽自己的內在聲音。問問自己：「在這一刻，我覺得自己最主要的情緒是什麼？」我們經常忽視或掩蓋自己對於外在變化的情緒反應，特別是當我們認為，把情緒表達出來是「不好的」，更是如此。真正的問題不在於我們有什麼感覺，而在於我們傾向於避免把不自在的感覺表達出來。我們當中的許多人，從小家裡就不鼓勵我們把一些特定的感覺，像是覺得受傷、恐懼這類的感覺表達出來（或容忍）。其他的家庭甚至幾乎不表達任何的情緒。無論如何，出走很重要，它能夠讓你有餘裕真實地面對自我，明白自己的真實感受（不管是何種感受），並且藉著把你的感覺表達出來，顯示你認同自我的感受。你覺得害怕或是受傷嗎？把你的感覺跟別人說。不太確定任何事情都能跟別人分享嗎？那就把它寫在日誌上（或是你自己的出走手札）。找一個已經很久沒有聯絡的朋友，問候一下，了解彼此的近況，把關係重新建立起來。覺得受到刺激或是憤怒嗎？問問你自己發生了什麼事，讓你感到如此憤怒。

　　查看一下你過去十二～十八個月的生活經歷，看看是不是有什麼大事發生？它影響了你生活中的任何其他人嗎？請你以現在的心情，說說看它如何影響你。讓事件的影響沉澱下來，不要急著去參加什麼活動、做什麼事，或承擔什麼責任。應該要避免經歷動盪再回歸生活以後，卻好像什麼事也沒有發生一樣。要知道

生命其實給了你一個重新校正的機會。那是一份禮物！而你本身也是一份禮物！如果你經歷了生活的變故，那可能是一份經過偽裝的禮物，或是一個擁抱人生經驗的機會，而非迴避，把你的感覺表達出來！

那段暫別 Google 去度假的時光，是我有史以來送給自己最大的禮物，而主管逼著我達到她所設定的高標準，則是我收到的另一份更大的禮物。我必須經歷失敗才能成長，才能把我的潛力發揮到極致。這份禮物比任何度假勝地、任何禮品，或是任何金錢可以買到的東西都還要棒，但是我當時渾然不覺。後來，當我能夠客觀地看待那時的情況，我發現：主管只不過是克盡她的職責，她希望鞭策我做到最好。

我在出走的時候想得更透澈，我必須為自己的一切負責。我終於明白也願意承認，我的處境是自己造成的。所有的狀況，包括職業倦怠、壓力，以及令人難以承受的人際關係，都有一個共通點：我就是始作俑者。

警訊 5：有好機會來敲門！

你是否曾經遇過這樣的情況，一直考慮找個機會去做某件事，譬如出遠門旅行、更換跑道，或是展開一項計畫，卻又猶豫不決，遲遲無法付諸行動？人生苦短！為何我們只冀望未來，卻不看眼前？在暫停時刻裡，你能夠活在當下，並且做出對你比較

好的抉擇。現在該是你真實面對情緒的時候。當你考慮這個機會的時候，你的感覺是不是夾雜了恐懼、悲傷、喜悅、憤怒，以及受傷？是什麼原因讓你想要抓住這個機會？動機背後的渴望是什麼？你可以讓自己進入暫停時刻，藉此探索自己更深層的渴望，並且進行評估。

順應你內心的渴望

　　機會常常自己來敲門！下面這些故事情節裡，有沒有哪一段，你聽起來覺得很耳熟？你的朋友主動邀請你和他們共度週末；你突然有股衝動，想去一個你一直很想去的地方旅行；失聯很久的朋友突然跟你聯絡，想要約你碰面。面對這些故事情節，你的本能回應可能是：「我沒辦法做到！」但是內心戲卻在腦中悄悄上演，你問自己：「如果……會怎麼樣？」當你開始考慮一個機會時，請把注意力放在伴隨而來的情緒上。用你的身體去感受它。通常你的直覺或是身體的感覺會讓你知道，這就是你應該要做的事，你希望你的人生藉此向前推進。

　　在我21歲的時候，我就已經開始計畫在畢業之後，旋即展開人生中第一段延長的暫停時光。我當時坐在圖書館裡面，被一些有關未來的想法搞得無法定下心來。5月畢業之後，我應該做什麼？我覺得亂無頭緒。我不想回到學校，至少不想畢業之後馬上繼續深造。我記得我當時這樣問自己：「如果畢業之後我能做一件事，我想做什麼？」

　　從我第一次用法文說出「我的名字叫瑞秋」（Je m'appelle Rachelle）的那一刻起，我就一直很想到法國。我決定或許應該試試看到巴黎工作，或是住在那裡。雖然我還不知道要如何籌到旅費，或者是把所有相關的條件兜在一起，但是我只要一想到這件事，就會不自覺地微笑。我到底想做什麼？這就是最真切的答案。我一整個夏天在阿爾巴尼的餐廳當服務生，我把賺來的每一分錢都當作旅遊基金。我買好去程機票，訂在 10 月 9 日，而回程訂在九個月之後的機票。我甚至得到在法國合法工作的許可證。

　　每個人都認為我既勇敢又瘋狂。在我出發前的幾個月，朋友在我的慶生會上這麼問：「誰能辦得到？」我一邊把蛋糕邊上的小熊軟糖拔下來，一邊說：「我想我可以！我不知道未來會發生什麼事，但是我就要出發了！」我雖然感到害怕，但是我知道我必須相信我的直覺，邁開步伐勇往直前。

　　那年冬天，我在法國阿爾卑斯山度過了難忘的九個月。任務圓滿達成！顯然這是我的機會，而我抓住了它。

察覺你的內在訊號

　　當工作、家庭或是人生任何其他方面，像是一段關係不太順遂的時候，我們難免會產生一些懷疑。每種狀況都各自值得擁有安靜的時刻，更深入地想一想。你可能感覺到某種變化蠢蠢欲動。雖然你可能需要多聽幾遍，但它其實已經在那裡，不時會跑出來，變成一個經常在腦中閃過的問題，像是：

　　　　這裡是適合我的地方嗎？

　　　　這是我真正想要的嗎？

　　　　我在這裡做什麼？

　　　　我應該把時間花在這個上面嗎？

　　　　這段關係讓我感到開心嗎？

　　最後一個問題很棘手。我和道格分手前那一年，我常問自己這個問題。我一直在權衡利弊得失。我們彼此相愛，但大多時候無法心靈相繫。他不想嘗試我最近發現的許多新事物，像是靜觀練習（meditation，或譯作禪修、冥想）。我們的關係讓人感到安心，但這樣我就滿足了嗎？對我而言，生活的擴展以及感覺走在對的方向上，才能帶來滿足感。然而我在這段關係裡沒有這種感覺。難道偶爾感覺還不錯，就可以稱得上是我所追求的幸福？這個問題不斷在我的心頭縈繞，我卻選擇忽視它。我說服我自己：我很快樂！其實，我是在逃避現實。

　　如果你曾經問過自己上面的任何一個問題，這很可能是一種信號，告訴你應該把情況看得更清楚。你內在明智的自我正在告訴你，你在這段關係裡並不快樂；你的工作並不適合你；或者你其實並不想做你正在做的事。這就是我所謂的「沉思的機會」。這並不意謂你必須進行巨大的改變，而是意謂出走，或是做一點行為上的改變，來幫助你釐清你的狀況。

　　在我暫別 Google，進入暫停模式之前、在暫停期間或之後，

我一一問自己上面這些值得深思的問題。每一個問題都有一個表層的答案，但是當我開始更密切觀察自己的情況，以及快樂的程度之後，我發現把問題看得愈深入，答案就會愈不一樣。

高風險機會

當你進行一個有點風險的計畫時，會聽到時間正滴答作響，好像有種聲音在耳邊輕喚：「要再看看我！我想你會喜歡的。要多花一點時間想想我！」你可以忽視它、怕它，或忘掉它，畢竟，這涉及風險。這需要時間、勇氣或金錢，而且你不確定自己能否應付，更不要說成功了。

你的高風險機會是什麼？那是你終生的夢想或熱情嗎？你還沒有做的原因是什麼？是不是害怕失敗所以讓你遲疑？或是因為這超出了你的舒適圈，涉及你不熟悉的領域？你可能需要暫停一下，幫助你看清你有多麼認真看待你所設定的這個冒險計畫。單純留一點時間給這項計畫，避開日常生活瑣事的干擾。週末去度個假，或是做一點和平常不一樣的事，都是一段可以讓你更了解問題的出走時刻。如果你想要了解如何邁開通往目標的第一步，暫停一下可能就是你真正需要去做的。

每一種機會都有矛盾存在。出走真的意謂著花時間去思考？或者應該是要停止思考，如此一來智慧和答案才有足夠的空間浮現出來？你有多常對於特定的情況感到壓力過大，或是在決策過程中被困住，因為你無法下定決心？想太多可能會扼殺一切。

新手父母的暫停時刻

　　我沒有家長的身分，也沒有暗示我有任何為人父母的經驗，但是我思考過出走時刻和親職之間的關係。如果你是一位家長，或是小孩的主要照顧者，或者很快你就要當爸媽，那麼恭喜你！那真是生命中的奇妙時刻，而且你有很棒的機會讓情緒在體內流動，你可以隨意說出自己的感覺，不管是喜悅、恐懼或是兩者交雜的感覺。這同時也是巨大的生活改變，可能為你帶來情緒和行為上的轉變。

　　這是生理和心理面臨雙重挑戰的時刻。試著把它當成一項契機，不要只是照顧你的小孩，而是要以你從未想過的方式，向自己內心的聲音靠攏。你也要記得先照顧你自己，就像飛機上的空服人員總是提醒我們，先戴上自己的氧氣罩，然後再協助他人。利用這個時間練習警覺以及有意識的存在。不要吝於從親職上暫時告假，時間盡可能愈久愈好。

　　出走，並不是要你想得更多，而是剛好相反。如果沒有辦法從日常中抽身，你就沒有機會好好面對問題。你是否曾經因為被某個想法迷住而倉促做出決定？如果你能花個五分鐘時間暫停，你的計畫會不會改變？

評估你的出走徵兆

想想你去年的經歷，你的看法、你的工作表現，或是環境是否發生變化。如果你覺得自己的情況和這一章所描述的內容很像，那麼你真的應該試試暫停一下。

出走，讓你有一些餘裕可以找出最適合的下一步。如果你能給自己空間和時間暫停，而且是有目的的暫停，便能賦予自己活在當下的自由。當你能夠真正活在當下，就會知道什麼對你才是最好的。你所採取的行動，就是先按兵不動，這是懷有用心神聖的暫停時刻。

出走可以幫助你看見真實的自我，讓你知道自己熱愛什麼，因為你真實感受你的存在，而且身心內外達到和諧。暫停的時候，你沒有被外務所擾，因此能夠透過自身的真實存在與平靜之心而運作。在這個因為暫停而創造的時空裡，你可以去做你真正想做的事，為你一成不變的日子帶來更多的樂趣。

你覺得你現在是不是真實感受到自己的存在，而且能夠依著你的渴望而活？讓我們再進一步來看。想像一下，其他人的生活如何受到你的選擇所影響。無論是在你個人的生活或是在職場上，你是否都和你想像的一樣投入，並能具有真實的存在感？在你的影響範圍內，還有哪些人會因為你學會暫停一下而受益？

既然你已經認識各種不同的警訊，也就是那些可以當作你是否需要為自己暫停一下的指標，讓我們根據這些指標進行下面的

自我評估，看看你的生活裡可能已經出現多少警訊。即使你的生活裡只出現了一種警訊，這都足以告訴你，該要出走。

我需要中場休息嗎？

如果你曾經歷以下的情況，請在該項敘述前填上數字「1」

＿＿＿＿＿過去你熱愛你的工作，但現在你卻感到厭煩。

＿＿＿＿＿你的老闆質疑你的工作表現（例如，開除你、你的績效表現被評為劣等，要求你另謀高就等）。

＿＿＿＿＿你的朋友出手干預你的行為（例如，說你心不在焉，或者覺得你的心完全被其他事情占據），試圖把你拉回現實。

＿＿＿＿＿你遭逢了一項巨大的生活變動或是事件。

＿＿＿＿＿你遇到一個你想要嘗試的機會。

＿＿＿＿＿總分

得分表

0：恭喜你！你的生活和工作都和你的夢想一致。用你感覺最適合你的方式慶祝一下，當然也可以開啟一段慶祝性的暫停時刻，藉以反思什麼是行之有效的，以及如何持續下去。

1 或 2：如果你的生活裡出現其中一個警訊，這就值得你計畫一段出走時光。在未來的三個月內規畫一個假期。評估一下你的時間規畫，以及你會做什麼；對此我們在第 5 章會有更多的

討論。

　　3 到 5：你有充分的理由認真考慮離群索居、躲在岩石下，或是盡可能地啟動出走模式。

練習聆聽內在聲音

◆ 你最主要的渴望有哪些？運用「這樣我就可以……」的練習，找出如何和內在共鳴。

◆ 你經歷過什麼樣的警訊（包括可能的職業倦怠），告訴你可能需要暫停一下？

◆ 進行自我評估測驗之後，你主要的感覺是什麼，害怕、受傷、憤怒、悲傷或是愉悅？

◆ 對自我評估結果進行反思，並把任何附帶的見解或想法寫在日誌或是你的出走手札。

◆ 從那些提醒你暫停的警訊，以及你的自我評估結果來想一想，在探索內在渴望的過程中，關於自己，你學到什麼？

3

出走的三個步驟

抉擇是一場冒險，它根植於內心想要自由的勇氣。

—— 存在主義神學家　保羅・田立克（Paul Tillich）

恭喜你即將出走（或是考慮要這麼做）！你可能不知道這段期間是不是會持續很久，或是很快就會結束；就算你事先知道會持續多久，請你先不要去想這個問題。計畫通常會改變，你的出走計畫也一樣。我們不論是在條列待辦事項的時候，或是計畫到一個充滿異國情調的地方旅行的時候，通常一不小心就會偏離主題。我們都想掌控我們自己的命運。那麼，為何你覺得進行這個暫停的計畫，會和任何其他類型的努力有所不同呢？

還有，雖然我們的大腦想要維持掌控一切，但是請你記住，當你進入暫停時刻，結果將是未知的。出走讓人感到興奮的原因之一，就是你讓自己抱持開放的態度，迎接任何可能發生的驚喜。人類天生傾向在任何顯而易見的問題發生之前，先確保一個可令人接受的結果。沒有辦法放手不管，是我們最難打破的習慣之一。

關掉干擾，留給自己更多餘裕

　　告訴你一個好消息，進入暫停時刻，你就懂得放手。暫停，就某種意義而言，是有關臣服的智慧。出走讓未知具有存在的可能性。請你相信進入暫停時刻是對你最有利的，就算你還不知道結果會是什麼，或者最後你會變得如何。無論即將發生什麼事，對你都是最好的，請你相信這一點，並且記得活在當下。通常說起來容易，做起來難；請相信你即將執行的任務，先把一些干擾關掉，讓自己全神貫注。這種更深層的信任感就是有些人所謂的內在的聲音。對我而言，那是我的內在指引系統，引導我朝著最符合自己利益的方向前進。

　　在我啟動我的出走模式之初，我並不知道會獲得什麼樣的結果，但是我相信自己的決定。我當時只知道自己工作過度，在心理上陷入一片混亂，因此我需要時間讓自己感受到自己的「存在」，同時需要適度從現況中抽離。在等待公司批准我的留職停薪申請，然後離開 Google，進入出走模式之前，我有一個月的空檔，那段期間我一直在想，如何運用接下來的休假時間。我很怕制定太多的規畫，因為我不想再有那種被壓得喘不過氣的感覺。我不想把時間填滿，我想留一點空檔，讓事情可以順其自然地發展。如果我規畫的事情已經把時間都填滿了，怎麼可能還有餘裕任由奇妙的事情發生呢？

　　我們需要勇氣、冒險精神以及自信，來為自己按下人生暫停鍵。關於這一點，喬瑟夫‧坎伯（Joseph Campbell）在《千面英

雄》（*The Hero with a Thousand Faces*）一書中，跟我們說了很多。他告訴我們任何一段「英雄之旅」，其中必定要歷經挑戰、障礙或是威脅，而到了彼端便會發現，旅程裡的英雄蛻變得更加強壯、優秀。當你從英雄之旅凱旋歸來時，你的認知也將隨之改變。經過洗禮，你將不再是原來的你。當你能夠與自己的恐懼正面相對，你便能生出新的想法、經驗，並且學習到一些成長的課題。因為你能夠為自己按下人生暫停鍵，你變成了自己人生旅程中的英雄。這段旅程便是勇氣的實踐。

啟動暫停模式就是投入你自己的英雄之旅。就像坎伯所寫的，那是關乎面對未知的旅程。「英雄自日常生活的世界外出冒險，進入超自然奇蹟的領域；他在那兒遭遇到奇幻的力量，並贏得決定性的勝利；然後英雄從神秘的歷險，帶著給同胞恩賜的力量回來[1]。」

在傷口療癒前，別急著踏出下一步

德國存在主義哲學家保羅・田立克在 1952 年寫成《存在的勇氣》（*The Courage to Be*）一書，他在書中質疑，做為一個有限的存在到底是什麼意思。他介紹了一個概念，亦即所有的焦慮都是人類存在條件的一部分，那同時意謂著勇氣的存在[2]。不必談太多存在的問題，重要的是勇氣和適時的暫停，這才是讓你決定實際付諸行動的信心來源。它引領你找到路上的下一塊麵包屑，

讓你可以追隨前進，或是帶你找到一扇門可以穿越。勇氣被定義為「有能力去做一件你明知困難或是危險的事」[3]。出走的收穫之一，便是勇氣。進入出走時刻意謂著，你即使知道結果是個未知數，也面不改色，而且你願意放手，願意臣服於當下。每一樣都是勇氣的巨大展現。

每當我向好奇詢問我的人解釋，為什麼我會進入出走模式，我的內心都會隱約感到恐懼。我默默承受這樣的恐懼，就像接受最令人難受的感覺一樣，但是這並不表示我不再擔心。關於進入暫停時刻，我最大的恐懼在於，我即將去探索自己被塵封已久的那一面。如果我發現我的工作或職業其實並不適合我，該怎麼辦？我不想去提我花了多少時間說服我自己，我對自己的工作和技術充滿熱情。

如果我意識到自己的情況很悲慘怎麼辦？如果到頭來，我發現我不喜歡自己怎麼辦？我感到踟躕不前，不知道該不該揭開這一切。但是我不讓自己的恐懼恫嚇自己，我選擇忽視它、否認它。由於我脫離了自己的舒適圈，這是再正常不過的反應。我不得不去面對那些過去我不願意正視，一直被我忽視、壓抑的痛苦情緒。過去我的身體就像是一個情緒的保險箱，把我不願意感受的情緒深鎖起來，無限期保管。我並不知道把情緒表達出來很重要，因為那可以幫助我自我療癒。

我在撰寫這本書的時候，也有相同的感覺；恐懼一直盤據心頭。我很懷疑自己到底能不能做到，也很擔心自己會不會失敗。

寫作需要更多的自我反省與努力。在我的思想和行動背後，對於
未知的恐懼如影隨形。

　　我知道如果不先去了解細節，卻不停煩惱著出走回來之後要
做什麼，只是無謂的擔心。每當我開始想到未來，就表示我的心
不屬於當下。我必須面對自己最大的恐懼來源，就是對於未知的
恐懼，我必須相信，我可以無所畏懼。我必須接受一項事實，那
就是三個月的暫停時刻結束之後，不論我發現另一個面向的自己
呈現什麼風貌，這都是一段值得的冒險之旅。

　　忍受未知的痛苦，得到的獎勵就是讓自己感到更和諧、更滿
足，那意謂著無論發現自己是什麼，以及不是什麼，都能夠正面
看待。勇氣能讓我看透自己。

　　我們大多數的人並不是日復一日自由且無所畏懼地過日子。
根據麥可・德斯特（Michael Durst）的統計，約有七成的人口為了
歸屬感和自我表達的權利而必須妥協[④]。

　　他們生活在一致的社會和文化規範中，不能逾越。他們去學
校學習社會規範；做人們期待或告訴他們去做的事；遵循傳統的
職業路徑；學會不對自身的生活型態、家庭、信仰系統或是任何
預期的假設，產生質疑。澳洲精神科醫生，同時也是大屠殺的倖
存者維克多・弗蘭克提醒我們：「如果想要發光發熱，必須忍受
燃燒之苦[⑤]。」我把「燃燒」詮釋為面對你自己的恐懼，同時要有
勇氣，去探索真實的自我，並能突破一致性。弗蘭克相信，「努
力尋找人生的意義」是驅動人們前進的主要動力，而人生的意義

讓人們有辦法面對自我的恐懼，並能度過痛苦的經歷。把弗蘭克的話套用到我的身上，可以這麼說，為了發展出更堅強的自我意識，我願意面對真實的自我，並且「燃燒」恐懼。

　　你害怕什麼？說你的生活裡有何恐懼？你害怕逃走或留下來，或是擔心情況失控嗎？出走，能夠幫助你探索自己未來可能變成什麼樣，它讓你有機會大膽地擁抱自我的恐懼，並且讓你看清什麼適合你，什麼不適合你。這可不只是關乎找一份新工作而已。它可能是一種療癒的方法，讓你在傷口癒合之前，不必急著採取下一個動作。進入暫停時刻，可說是給自己一個特許的機會，讓自己以未曾預見的方式，和自我的內在緊密結合，你可以深刻感受自己的情緒，並且把情緒表達出來。我的情況就是這樣，只是當時我並不知道。

　　那麼，當一個人陷入未知的情況，會有什麼反應？他會從哪裡開始下手？當你即將踏上未知之際，我歸納了三大步驟，做為導航依據，協助你找到屬於你的路。藉著這一點點的指引，我希望你能夠駕馭自我的勇氣，並且有信心向前躍進。

規畫出走的步驟

　　建構出走計畫是很艱鉅的。規畫只是意謂著概略勾勒出計畫的輪廓，仍然要保留一點空間，讓生命自然發展。你為了讓自己成功，可能規畫出一個涵蓋全方位的計畫書，載明你要怎麼做，

以及何種策略。

計畫的三個步驟：

步驟 1：寫下你的初步構想

步驟 2：設定你的企圖

步驟 3：創造你的計畫

步驟1：寫下你的初步想法

2015 年，我在 Google 公司於芝加哥舉辦的女性員工大會上，聽到布芮尼・布朗（Brené Brown）的演講，那是她的《勇氣的力量》（*Rising Strong*）巡迴簽書會的一站。她跟我們介紹她的一項核心概念：把你那「爛透了的初稿」（sucky first draft，或簡稱 SFD）寫下來（雖然她用了不一樣的形容詞）。這個概念其實來自於安・拉莫特（Anne Lamott）那本深具啟發性的書《關於寫作：一隻鳥接著一隻鳥》（*Bird by Bird*）。把你的故事和想法寫下來，不管它們有多麼凌亂、醜陋或是不完美都沒關係，因為那是培養自我意識的第一步，不是要拿來和別人分享的。布朗說，那是「你內心孩子氣的一面所寫出來的第一個版本[6]」。她建議我們，在思考滿腦子的想法以及未經篩選的故事情節時，把範圍限縮在六大要點之下，包括：我正在醞釀的故事、我的情緒、我的身體、我的想法、我的信仰，以及我的行動。

你那「爛透了的初稿」也能夠激發你對出走計畫的想像，或者說，它能夠幫助你產生進入出走時刻的意圖。寫下任何你想要

做的事，讓自己毫不設限地盡情表達、書寫，或是捕捉心中不吐不快的想法。那不必是個詳盡、鉅細靡遺的敘述；它可以是幾項重點摘要，也可以是一段 N 次貼便條紙大小的文字，或者是日誌上的一則紀錄。布朗提醒我們，我們的目標是要全心全意地投入，而這正是「爛透了的初稿」的魔力所在。

我認為在你釐清自己的限制性信念、確認自己的恐懼，並且產生意圖打算進入暫停時刻的過程中，記錄「爛透了的初稿」是關鍵的一步。藉著創作這份還很粗糙的草稿，你得以確認自己的故事和信念，而且你可以洞悉自己想要如何運用時間（把時間投注／或不投注在什麼上面），了解渴望所在，以及想採取什麼行動（或不採取什麼行動）。它能幫助你「出清」腦袋裡現有的想法，然後進入正確的思維框架，讓你得以規畫出走計畫。

你要如何知道自己是不是處在「正確的」思維框架呢？如果你說服自己，你還沒準備好可以開始規畫，請記住這通常是一種逃避的預設想法，你可以選擇扭轉這種想法。限制性信念可能在你規畫暫停的過程中，不時地插手干預。重要的是自己的心態。你會不會覺得很好奇，到底一個成功的暫停計畫看起來應該像什麼樣子？或者，你相信反正事情就是這樣，不會有什麼改變，甚至覺得這根本就是在浪費時間。如果是這樣，你可以想辦法活化「成長心態」（growth mindset），讓它成為你的後盾，無論是寫下你的「爛透了的初稿」，或是記錄任何你曾做過的努力，都有活化功用。

抱持成長心態

你是抱持定型心態（fixed mindset），或是成長心態（growth mindset）的人？卡蘿・杜維克（CarolDweck）博士是美國史丹福大學的教授兼研究員，同時也是一名頂尖的思想領導者，專攻成長心態研究。杜維克在她那本引領風潮的《心態致勝：全新成功心理學》（Mindset: The New Psychology of Success）書中，把成長心態定義成一種「把挑戰當作強心劑，而不當作威脅的精神狀態[7]」。抱持成長心態的人通常是那些傾向於「放膽追求」的人，把挑戰視為可以讓他們學習、成長的機會，即使失敗了也無妨。杜維克相信，對於那些希望成為優秀領導者或學習者的人來說，維持成長心態至關重要。那些抱持成長心態的人往往更加好奇；相反的，抱持較為定型心態的人則專注於讓自己看起來很聰明。當我們想去學習一些新事物的時候，每一個人都有辦法抱持成長心態，但必須「刻意」選擇，才能持有這樣的心態。成長心態可以讓我們保持好奇心。我想提醒任何被特定挑戰所困的人，請記住，那些抱持成長心態的人比沒有這種心態的人，有更好的機會可以從挑戰中學習與成長。保持成長心態可以確保我們永不停止發展，同時確保我們有無限的潛力可以被激發。唯一能夠限制我們的智力、技能或是意識的，就是自我設限。出走，去學習新的事物，這是選擇抱持成長心態的

好機會。進入暫停時刻將提醒你，走出你的舒適圈，接受新的挑戰，不管那是為了豐富你的知識庫，或是為了提高你的情緒智能而迎戰。抱持成長心態在某種程度上，意謂著你可以預見一些事件的觸發點或是阻礙，一旦事情真的發生，你就能夠克服，而不會因為受到阻礙就放棄或是打退堂鼓。只要能夠維持成長心態，你就能夠持續地成長、學習，並且能夠適時出走，而不是只有放棄一途。

步驟2：設定你的意圖

　　如果你想推敲自己真正想要的東西，那麼設定意圖是一個簡便的方法。當你有意圖或是決心，想要採取某種特定的方式來行動，就可以強化行動的意義，並讓你專注於某種特定的結果。所謂的意圖，就是去設想什麼是你想要的，並且努力去追求。問問你自己：「在現在這個片刻、這個下午、這一天或是這一段暫停時刻，我想獲得什麼？」如果你向來習慣設定意圖，那麼恭喜你。你正踏往成功的暫停之路。請注意，意圖設定和目標設定是不一樣的。目標是具體的、可衡量的，而且是有時效性的結果。你的目標可能是兩個月內體重減輕十磅；在這一年要學會日文；或是一個星期至少有一個晚上要去約會。目標是良好的行動推進器，但你會採取什麼樣的行動，則和意圖有關。當你設定意圖的同時，也要為自己打造一份願景，設想自己在暫停時刻想成為什

麼樣子的人，想要如何感受生活。在你進入暫停時刻之前、在暫
停期間以及結束暫停之後，都要設定你的意圖，這麼做是很重要
的。從任何成功的暫停計畫來看，意圖和你做了什麼沒有太大的
關係，而是關乎你如何呈現自我，以及在你新創的空間裡出現哪
些可能性，不論是遠離所有螢幕的一天，開始一種新的嗜好，或
是在週末連續假期去度個假。

　　以下是設定意圖的例子：

◆ 在你起床之前，打定主意真心誠意對待每一個和你互動的
　人。

◆ 在你出門前，打定主意在你回來以後，花時間全心全意陪
　伴你的伴侶、好朋友，或是家人。

◆ 在你發動車子之前，打定主意要放鬆心情開車去上班。

◆ 在你進到你上班的地方之前，打定主意要先深呼吸六次，
　然後心情平靜地出現在公司裡。

◆ 在中午之前，打定主意要遇到三個陌生人，並且要對他們
　微笑和說話。

　　為自己準備一本出走日誌或手札，把最概略的草稿或是「爛
透了的初稿」寫下來。它可以見證你在處於出走階段，以及出走
回來之後所展現的才能、意圖和能力，你也可以透過這些紀錄來
回顧和思考。在我暫別 Google 進入暫停模式時，我還不知道「爛

透了的初稿」的理論，所以我沒有做這樣的紀錄。但是，我買了一本大小是 5×7 英吋、粉紅色螺旋裝訂的筆記本，把它命名為我的「工作日誌」，用來記錄所有的注意事項，以及我從他人那裡汲取的真知灼見。我需要這樣一份可供驗證的資料，同時也為我的能耐留下文字紀錄。

善用日誌法讓它成為你的動力啟動機。寫日誌能夠讓你產生力量，你可以把寫日誌想成你的動力啟動機。書寫這項物理動作會對大腦產生神經邏輯的影響。就像亨莉雅妲‧安‧克勞瑟（Henriette Anne Klauser）在《一寫就成真！》（*Write It Down, Make It Happen*）這本書中所闡釋的，書寫會刺激大腦中被稱作「大腦網狀刺激系統」（reticular activating system，簡稱 RAS）裡的一連串神經元，然後反過來喚醒大腦的皮質層提高警覺[8]。還有一項研究得出這樣的結論：連續兩天，只用短短的兩分鐘，來書寫一個對情緒有重大影響的事件，將有助於改善情緒，並提升幸福感[9]。在你寫下自己的意圖、見解，還有你對自己情緒變化的觀察，以及你怎麼看待進入暫停時刻的同時，你也能夠藉此思考，隨著時間推移，你想做什麼樣的改變。新的想法常常會從文字裡浮現，那可能是你之前想都沒想過的點子。

認清自己的優勢。你知道自己擅長做什麼事嗎？別人讚揚你的什麼長處呢？盤點自己的優勢很重要。你愈了解自己擅長的部分，愈容易看清楚什麼環節行不通，並且能夠據以調整。

根據 2015 年一項針對美國 1,000 位男、女上班族進行的研

究，想在工作中得到快樂的第一步，就是認清自己的優勢[10]。如果一個人可以在他或她的工作任務中，發揮專屬優勢，就會產生「優勢對應」（strengths alignment）的效果。事實上，上述那些參加調查的人當中，有79％的人回答，如果每天都有機會去做他們最擅長的事，他們會覺得自己在創造改變，而且會覺得自己的工作表現受到讚賞。這和我們十年前的看法，恰好相反，那時候有63％的人覺得，必須改善自己的弱點才能帶來最大的成長。結果發現，當我們專注於自己的強項時，才能獲得較多的成長。當我們工作時，如果能連結自己的性格優勢，會表現得比較好，譬如說你充滿好奇心，那就把這份好奇心用在工作上。優勢研究先驅同時也是上述研究的主導者蜜雪兒‧麥奎德（Michelle McQuaid）認為，如此一來，將會帶動在工作上大放異彩。麥奎德提供一項免費的線上測試，任何人都可以嘗試這項為期一週的「優勢挑戰」[11]。

我知道如果我能夠利用暫停時刻去認清自己的優勢，我會更加了解自己，並且把優勢運用到我的工作上。無論我選擇做什麼，我都希望我的下一份工作能夠讓我充分發揮我的優勢。我抱持一種有企圖的心態，刻意去了解自己的優勢，並且設法把優勢發揮出來。我還找到我在幾年前上培訓課程時所作的筆記，那時我還沒開始應用一本湯姆‧羅斯（Tom Rath）稱作《優勢引擎2.0》（*Strengths Finder 2.0*）的書。我根據自我評估表來檢視自己最強的五項優勢，看看能不能帶給我額外的見解和觀點（關於這個

部分在第 10 章會有更多的闡述）。我在出走的期間遵循拉米特．塞提（Ramit Sethi）的幾項實用的建議。塞提是《我教你變成有錢人》（*I Will Teach You to Be Rich*）的作者，同時也是線上課程 Earn 1K 的創辦人。根據拉米特的建議，詢問至少五個認識你的人，可以幫助你更加了解自己的優勢所在，這樣的做法很有用[12]。當我照著做的時候，我注意到一些重複出現的主題和關鍵字。我聽到像是「善於建立關係的人」、「網絡組織者」，以及「善於交際的人」這一類的字眼。這些描述為我搭起一座橋，把我所認知的真實自我，和我所展現出來最迷人的特質連結起來。

我聆聽每個人的意見，並且把他們的回饋，加註到我那本粉紅色螺旋裝訂的筆記本裡。我按照預定的出走計畫來執行，而那個階段的計畫包括了「問問他人覺得我擅長什麼」。詢問他人的意見會讓我覺得自己充滿力量，而我聽到的答覆會讓我覺得更加有力。我敞開胸懷，接受別人告訴我的那些屬於我的天賦。我覺得自己受到肯定。每當接受他人分享他或她對我的看法時，我都能從中建立自信。那就像在氧氣充足的空氣裡呼吸一樣，可以得到一種解脫。我從中了解到，我擅長與人交往，也善於開創人際關係。我記得我很了解我的行業，也就是網際網路廣告業務，我能夠如數家珍。我擁有許多有利的優勢條件：我是個有趣的人、我很聰明，而且沒什麼事能難得倒我。我覺得再次找到人生的目的。我再度肯定自我，而且牢牢記住自己的優點不只是好而已，更是非常有吸引力的特質。正如麥奎德所說，我應該選擇一項可

以讓我發揮強項的工作，那將幫助我嶄露光芒。

我當時並不知道，其實我正在和自己建立更為深入的親密關係。我向他人敞開心扉，以前所未見的方式徵詢他人的意見。我已經踏出第一步，開始培養心理學家兼作家大衛・史納屈（David Schnarch）所說的「自我肯定的親密感」（self-validated intimacy）。這種親密關係被定義成，在讓他人了解自己的同時，要成為自己的最佳奧援[13]。當我跟別人分享我正在重新評估自己的職場生涯，並設法釐清下一步該做什麼的時候，我並不在乎別人對我的行動有什麼看法。當我要求他人給一些回饋意見的時候，我甘冒聽到一些負面批評，或是有人覺得我一無是處的風險。這是我長久以來的第一次，或者說，那是我人生中的第一次，我不是在尋求別人的肯定，也就是史納屈所謂的「經由他者認同的親密感」（other-validated intimacy）。每次我丟出「你覺得我的強項是什麼？」這個問題時，我都是在製造強化自我認同的機會，我會聽取正面的回饋意見，並且確認自己是個什麼樣的人。這可能讓人感到脆弱、害怕和得到解放。

每個人都應該有辦法再多利用一點自我肯定的親密感，問題是你要如何做類似的事？就從記錄你的「爛透了的初稿」開始著手，然後設定你的意圖，並發掘你的優勢所在。其他的步驟就從這裡開始發散出去。

設定意圖的方法

根據以下列舉的項目，看看哪些最適合你，然後就動手試試看！

1. 把注意力集中在一件你想要達成的事，並且寫下你打算如何達成的方法（譬如說：在我和他人互動時，藉機認清自己的強項）。

2. 每天選定一個詞當作自己當天的定位依據。這可能是「意圖」這個詞，或是其他透露出，你那天看起來要像什麼樣的涵義的字眼，或是你那天應該抱持哪一種態度。把這個當作是每天早上起床之前的一種儀式。

3. 用一種正面的方式和別人分享你的意圖，讓他或她知道你打算怎麼做（譬如說：我打算跟我正在聊天的對象說，我正在重新評估我的工作，所以我很想知道，別人怎麼看待我天生擅長做什麼）。

4. 承諾將會採取一項行動，來幫助自己實現意圖（譬如說：我會列一份名單記載我想要談話的對象，並且安排時間，詢問他們覺得我的強項何在）。

5. 想想看你能做什麼，可讓自己感到滿足，並且把它加到自我肯定的親密關係裡。把你的意圖寫下來，在你睡覺之前，重新讀一遍。

6. 和一個朋友分享你在設定意圖時有什麼感覺。或許你能

夠激勵你的朋友也去做類似的事。你可以邀請他或她，跟你合作一個星期，你們可以彼此交換意圖設定的心得。

7. 花5分鐘好好思考並記錄你將如何規畫一個有意義的暫停計畫。是選擇拿起這本書嗎？你能夠允許自己有幾分鐘的時間好好和自己相處，而不急著去做什麼嗎？是和朋友分享你的計畫嗎？你是不是信任結果、處之泰然，因為你知道所有的事情都會在適當的時機適時展開？

步驟3：打造你的計畫

即使你打算不顧一切投入出走的計畫，事先知道你要如何運用時間還是很重要的。你的計畫無須很明確、很詳盡，相反的，保持適度的模糊與開放，其實比較好。就我的例子而言，我的計畫架構裡只放了少數幾樣我想做的事，把空間留待事情自行開展，因為我希望事情順其自然發展。在你埋頭進行規畫之前，讓我們先來探討一下，我們常常認為事前規畫是在幫自己的忙，但實際上這可能沒有幫助。這是真的，特別是當我們只是為了有事可做，而盲目不停地做一些事填滿時間時，更是如此。

忙著行動、忙著存在、忙著瞎忙。business（商業）和busyness（繁忙）這兩個英文單字有著驚人的相似處。這兩個字有相同的根源，都來自十四世紀的古英語字詞 bisignes，這個字有

「關心、焦慮、占用」的意思，也可以形容一種「被高度占用或是高度參與的狀態[⑭]」。Busy 這個字被定義成：「被活動或工作填滿」，同時指涉一種類似的讓人感到焦慮的被占用狀態[⑮]。保持忙碌和保持被占用兩者之間的關聯程度為何？不管你是在家裡還是在工作的地方，操持繁忙的工作意謂著有很多的活動占據了你的時間，但那些事卻不一定能為你帶來滿足感。因此我們要問的是：「到底為什麼我們要為了有所為而為？」

　　我和我弟弟德魯（Drew）最近正在計畫要去紐約州的雪城探訪我母親和繼父。德魯提到自己覺得很震驚，為什麼有那麼多人，包括我們那善良的媽媽維吉尼亞（Virginia），對於讓自己保持忙碌樂此不疲。他為了描述這種行為還自創了一個動詞：busify，他把這個字定義成「不斷地用活動把時間填滿」（我還沒有在任何其他地方，看過有人把這種行為做成這樣的定義，所以在我個人看來，在這方面他先馳得點！）

　　我懷疑在我們當中，有很多像我母親一樣的人。要如何在「存在（being）」與「行動（doing）」兩者之間取得平衡，因人而異。這是人類條件的一種二元性。我們內在的存在本質想要浮出、想要被呈現與感知，想要快樂地存在；而我們天生的行動性則希望我們去實踐與成就、去達成目標、努力被看見，並且有所作為。兩者對於構成我們是誰，都是重要且不可或缺的要件。只不過，我們已經忽略了純粹的存在有多麼重要，只是一味地專注於行動，一心想在現代社會中有所建樹。因為我們當中有這麼多

人，用那種不斷找事情把時間填滿的方式在過日子，我們很容易就會忘掉，無所事事有多麼重要。理想的情況下，進入暫停時刻可以變成一種生活方式。無論我們是在工作中，或是身處任何其他地方，啟動出走模式是一項技能，它需要透過練習以及有意識的努力，對於我那些工作狂、行動派的同事而言，更是如此。我的母親和我們當中的許多人沒有兩樣，對他們來說，保持忙碌是一種他們所熟知並熱愛的生活方式。我們忙個不停，是因為有事情可以做的感覺很棒，也就是說，我們可以從中獲得滿足感與成就感。但是，我們當中有多少人會常常停下來，問問自己：「什麼樣的活動才能為我們帶來身心整體的幸福？」

我們對於職場上的表現，看法大致相同。在我們的文化中，我們在工作上愈忙碌，獲得的生產力和利潤就愈多。我們看到周遭那些閒閒沒事幹的人，心中總會浮起一種懶鬼的形象，或者覺得那是浪費寶貴時間的人。如果你為了想解決一個問題，而花了一段時間，讓自己處在暫停狀態，那會是怎麼樣？你看起來可能像在做白日夢，但實際上，這是心靈最具有創造力，更且最富有成效的狀態之一，各式各樣的研究和數據都能證實這樣的論點。2013 年的《科學人》雜誌（*Scientific American*）有一篇文章，作者費里斯・賈布爾（Ferris Jabr）總結了做白日夢的好處，並且跟大家分享一些關於花時間進行工作訊息管理的研究結果[16]：

部分研究顯示，我們的大腦傾向於在做白日夢的時候

解決棘手的問題，許多人在沖澡的時候可能都有過這樣的經驗。頓悟似乎無處不在，但它們往往是人們處在停機狀態的無意識心理活動的產物。根據 2010 年律商聯訊（LexisNexis）針對美國、中國、南非、英國和澳洲，1,700 位白領上班族做的調查顯示，平均而言，員工會把超過一半的工作時間，花在接收和管理訊息上，而不是用在完成工作上；而參與調查的人當中有半數也承認，他們即將達到一個臨界點，超過之後他們將無法接納大量的資訊洪流。

我們是不是可以把提高自我意識能力以及培養情緒智能，當作員工檔案中的一項最基本的要求，進而把啟動暫停模式的能力融入企業文化中呢？這是暫停的力量，也是它能在個人及專業上激發的潛力。進入出走模式可以成為一種生活方式，平衡一下我們「總是忙個不停」的生活。

擬定出走計畫的關鍵是深度傾聽。我所謂的「深度傾聽」有兩個層面的涵義。首先，它關乎傾聽自己內在的聲音，並且跟著你的直覺走，它可以引導你如何擬定計畫。請記得無論出現什麼問題，都要與你的內在頻率共振，並且要把注意力放在那些能讓你對自己和他人，產生惻隱之心的事。你可以在練習深度傾聽的時候，發展你的計畫，這可不是因為你突然對於要遵守的新常規（或失去常規）感到不習慣，所以貿然進到下一個階段。深層傾聽可以說是讓自己內心的聲音被聽見，而且一開始就能夠與自己

的內心暢談你的計畫。我們太容易錯過內在的聲音，因為它很容易被淹沒在日常的各種紛擾及噪音當中。

　　我們進行深度傾聽最大的阻礙，就是讓自己忙個不停，把自己的日子塞得滿滿的，因此錯過了內心為了邀請你深度傾聽，所發出的聲聲呼喚。如果傾聽內在聲音是擬訂暫停計畫的關鍵的話，在我們對它充耳不聞的情況下，直覺所指引的計畫方向也將被淹沒或忽略。

　　在我進入暫停時刻之前，我雖然也曾深度傾聽自己內在的聲音，但充其量只能算是做到某種程度而已。我喜歡中途把它切斷，或是不讓它有太多的播出時間。我選擇讓自己保持忙碌，避免向自己的內在靠攏，或是讓自己對於內心有更深刻的感受。如果我當時能放下手邊的事，好好傾聽自己內在的聲音，或是依循內心真正的指引系統，我應該會聽到下面這些聲音：

　　　　你為什麼忽視我？

　　　　你為什麼要忙成這樣？

　　　　你為什麼要這麼投入工作而一直逃避我？

　　我好怕自己一個人胡思亂想，也好怕意識到我有多麼不快樂或是多麼孤單。其實我也知道，如果我好好坐下來傾聽自己內在的聲音，我應該會看到我不願意承認的那個面向的自己。然而，一旦進入暫停時刻，我就不得不去傾聽自己內在的聲音。我聽到

的內在聲音會告訴我，我的暫停計畫的規畫重點，就是不要做什麼規畫，因為除此之外，做任何一件事都會影響我進入心無旁鶩的狀態。我該要面對現實情況的時候到了，我應該全心全意地與自己的內心同在。

把深度傾聽融入生活中。進行深度傾聽不只是為了規畫你的暫停計畫，它的好處絕對不止於此。在任何特定時刻，深度傾聽都可以幫助你達到內外和諧，你將與你的感受同在，那是一種真實存在的體驗。專注於身體的感覺，然後讓身心安住。讓你的心靜下來，然後接收你的感官所感知的各項資訊，包括視覺、聽覺、味覺、觸覺，以及嗅覺。如果你發現自己的思緒紛擾不息，只要把注意力集中在你的呼吸就可以了。

你可以試著在從事一項你所喜愛的活動時，同時進行深度傾聽。我們可以預期，可能會出現一些突發的分心狀況。關鍵在於，發生這種狀況時，你必須察覺到它，把它攔截下來，然後再度回到深度傾聽的「境界」。把注意力放在你的呼吸上，並且啟動你的感官知覺。在你移動的時候，你看到什麼？感受到什麼？聽到什麼？嚐到或是聞到什麼？在你進行活動的過程中，你很可能會覺得更投入，更有朝氣，最後達到內外和諧的狀態。

隨時隨地都可以進行深度傾聽。我自己常常在運動的時候，深度傾聽內在的聲音。當我置身於奧克蘭海灣上的一艘船裡，我便讓自己徹底融入此時此地。烹飪、園藝，或是放風箏等活動，統統都能夠幫助你進入靜觀，或是深度傾聽的狀態。你很有可能

在實際動手參與一項活動時，跑出一個靈感，找到一個解方，或是了悟一件事。你的內在聲音會在你進入這種時空時浮現。想像一下，有一個包裹著想法的泡泡，就像漫畫那樣從你的頭頂冒出來。只有你一個人聽得到這個聲音，但這對你至關重要，你非常需要和內心進行這種溝通。問問你自己：

我現在有什麼感覺？

最近發生了什麼事，讓我有這樣的感覺？

我們可能採取不同的方式來進行療癒。深度傾聽可以讓你的生活不再不知所終地忙個不停，也可以幫助你修復關係，或是讓你更接近你對自己所憧憬的樣子。有豐富的研究結果顯示，進行深度傾聽可以降低心率、減輕壓力，甚至產生心能研究中心（HeartMath Institute）研究總監羅林‧麥克雷提（Rollin McCraty）所謂的「心律協調」（heart coherence），或是有辦法讓我們達到身體、心靈，以及情緒三者和諧一致。麥克雷提博士說，在這種狀態下，我們可以保持復原力，也就是個人的能量可以累積，而不是無謂地消耗，如此一來，我們可以有更多的能量來體現我們的意圖，並產生和諧共鳴的結果[17]。深度傾聽可以說是某種型態的靜觀，可以藉此讓你的想法在你的身體、心理與深層內在間流通，達到和諧一致的狀態。

如果你的生活裡塞滿了各式各樣你所喜愛的活動，這麼做不

但一點問題也沒有,反而很重要,因為你是享受生活的樂趣。只要你對於自己所從事的活動充滿熱情,你就會變得更快樂、更滿足。深度傾聽是了解你的動機的一種方法,你可以透過它知道你正在做的事是不是對你有利。如果你行進的方向是對的,那麼你的身、心、靈三者將合而為一,高聲回答你:「是的!」或者,你是不是正為了某件事勞碌奔波,只因為你「必須完成它」,即使必須為此賠上身體、心理或是情緒的健康也在所不惜?你可以做點什麼來幫助你自己的深度傾聽技巧?

準備就緒,出走吧!

你已經探索過有關暫停規畫的各種不同的準備工作:首先大致擬定草案,接下來設定意圖,最後練習深度傾聽讓內在的聲音被聽見。現在一切已經準備就緒。

請你花幾分鐘的時間,想像一下你理想中的出走計畫。把它想得大一點!闔上這本書,花點時間為暫停期間的所有可能性做做白日夢。你打算怎麼把時間填滿(或是完全留白)?情況會有什麼不同?你打算看些什麼?聽些什麼?感受什麼?想幾件你之前一直因故耽擱的事情,或是那些你想追求與內在聲音一致的事物(例如,學習一項新技能、追求一項新知、或者是純粹的存在)。有個測試這些想像是否適合的好方法,就是觀察一下當你想像自己置身於每一個暫停故事場景時,身體出現何種感受。當

你深度傾聽內在聲音時，請密切觀察這些蛛絲馬跡。

記得滿足你的渴望。你可能會有一些明顯的淺層願望（像是去峇里島度假），但還有什麼帶有意圖的渴望，也就是那些實現之後能為你帶來成就感的深層渴望。

規畫出走計畫時還可以這樣問自己：

◆ 在這段旅程中誰將成為你的奧援？

◆ 你希望促成你啟動暫停之旅的動機是什麼？什麼是你不敢寫下來或是不敢承諾的？

◆ 你認為一個成功的暫停計畫應該具備什麼條件？（請具體描述）

◆ 想像一下兩年後的自己，按照你的計畫你會給自己什麼建議？

恭喜你！你剛剛完成了出走計畫創刊號。

練習聆聽內在聲音

◆ 步驟 1：把你為什麼想要出走的初步想法寫下來。利用布芮尼・布朗的 SFD 技巧，把你正在醞釀的故事、情緒、身體、想法、信念和行動統統涵蓋進來。

◆ 步驟 2：請替自己接下來的二十四小時設定意圖，但簡單就好。你想替自己開創什麼？把你的意圖寫在一張 N 次貼的便條紙上，然後貼在你可以看得到的地方。在日誌中記錄這件事，還有後來發生了什麼事。

◆ 步驟 3：擬定你的出走計畫，並且用日誌法來記錄過程。回顧上述有關你的暫停計畫的問題。每天記錄你心目中理想的暫停模式。有一個很有趣的做法你可以試試看，就是從你的內在聲音捎一封信給你自己。一開頭你可以這樣寫：「我在暫停時刻打算要做的是……」，然後從這個開頭延續下去。一個成功的結果看起來應該長什麼樣子，而成功的滋味又是如何？你打算做什麼或不做什麼？經歷暫停階段之後，你和你的生活會有什麼不同？

4

擺脫慣性思考的練習

童年的目的在於形塑；成年的目的在於轉化。

—— 美國社會學家　傑克・馬濟洛（Jack Mezirow）

在了解如何設定意圖，以及如何擬定一個能夠滿足渴望的出走計畫之後，我們的下一步就是要更清楚知道，你可以替自己開創什麼，而且要找到什麼方式對你是最有利的，並且要讓它發揮最大的功效。你的暫停期間可能是一分鐘、一天，或是持續好幾個星期。

你可能趁著帶薪休假或是留職停薪的期間，啟動出走模式，也可能是趁著換工作的空檔，或是任何其他改變發生的時候，讓人生暫時抽離一下。只要抱持正確的成長心態，任何事都是「可以暫停的」！

為什麼保持最佳心理狀態如此重要？成年以後，我們多了一些年輕時候沒有的選項。我們可以選擇自己的參考架構，也就是轉化學習教育家傑克・馬濟洛所謂的「觀點轉化」（perspective transformation）①。孩童時期，我們不假思索地去適應環境以融入

其中。這讓我想起魚缸裡的魚，存在和認知都被局限在周遭環境中。幸運的是，人類的演化早已超越魚類。我們身為人類，更明確地說，身為一個成人，我們能夠了解自己的限制何在，而且無論是要採取行動或是進行改變，都知道要選擇對我們現在最有利的。我們可以選擇從慣性思考，轉換為自主思考。

只要你能有意識地用心去感受周遭的環境，覺察自己的想法、反應，以及情緒，你就能夠提高自己在日常生活中的認知敏感度。讓自己能夠和內在的想法對頻，並且讓自己更能覺察這些想法，這就是我所說的「潔淨心靈」。

我們通常會被自己的潛意識行為所左右，除非我們有一些積極的作為來扭轉，並且透過較為深入的參與來改善人際關係。根據這個領域的研究結果以及專家的說法，不需要太多的思考就知道，為什麼我們需要清查一下腦袋中正在運轉的各種念頭。想一想我下面所列的幾項研究發現[2]：

◆ 人類無意識大腦的作用，強過有意識大腦作用的百萬倍。

◆ 人類整個有意識大腦啟動的前額葉皮質區，每秒只處理四十次的神經脈衝；而90％的無意識大腦，每秒處理四千萬次的神經脈衝。

◆ 嬰兒時期，人類的大腦經由和父母的互動而產生一些「連結」，因而創造出無意識的大腦路徑，其後潛藏一套複雜的無意識大腦系統，包含信念、感覺以及行為模式，無論是

我們對自我的感覺、對自己的信念、這個世界對我們的期望，以及我們可以期待的世界都包含其中。

◆ 在人類生命的頭七年，我們下載大腦運作的程式，也就是我們的「作業系統」，對每個人來說，除非有意識地去改變無意識大腦所主宰的信念系統，否則這將會繼續成為我們生活運作的方式。

對於上述相關的研究了解愈多，你就會愈清楚地認識到，主宰我們生活方式的信念和習慣，是來自於我們的家庭和教養。這牽涉到心理學的一個核心概念：依附理論。我們對主要照顧者的依附經驗，會影響我們在往後的人生裡，如何處理情緒，如何形塑我們的思想、信念、自尊，以及日後與他人的關係[③]。這就是為什麼我們早期的兒時經驗（包括待在子宮的那一段日子），對於我們未來如何發展大腦神經通路，以及情緒負載能力，扮演關鍵性的角色。

潔淨心靈的重要

幸運的是，成人與生俱來轉化的能力，或者，有辦法朝著我們渴望成為的那種人的方向前進，而這得要歸功於神經可塑性（neuroplasticity）。神經可塑性是一種大腦的潛能，當我們學習或是成長的時候，可以適應或是創造新的神經通路。我們在進行潔

淨心靈（mental flossing）以及轉換信念時，藉助的就是這種功能。為什麼暫停可以幫助任何尋求創造改變的人，最主要的原因就是，我們的大腦能夠建立新的神經迴路。我們的轉化迴路之所以會啟動，是因為有意識的行為轉變，以及我們在行為背後所做的抉擇④。

你在孩童時期，依據有限的觀點和經驗所發展出來，對於自身、世界以及他人的錯誤信念（false beliefs，又叫做限制性信念 limiting beliefs；或是謬誤信念 mistaken beliefs），可能無法為你之後的人生帶來最大的利益。產生這些信念是人類的天性，每個人都會有。一旦採取這些信念，你就會發現你的雜念是如何為你，或無法為你，帶來最大的利益。

你要把那些無意識的想法找出來，並且讓它清楚呈現，就像任何東西被放在強大的聚光燈下，會顯現得更清楚。這就是潔淨心靈背後的概念。正視這些想法，並且當下就抓住它，也就是讓它被清楚看到，這樣你就能把這些念頭轉換成對你最有利的。

每當你興起一個由不合時宜的信念系統所產生的念頭時，你就要「暫停一下」。哪怕那個念頭只是像閃光燈瞬間閃過，你都可以有意識地轉變你的行為，並且可以讓自己從無意識的「心猿意馬」（monkey mind）思考模式，切換到一種比較有意識的思考模式。暫停為我們創造一點餘裕，讓我們得以掌握這些契機。這讓我們有機會連結比較有意識的態度和信念，而可以引領新的行為和行動。

如果你的大腦塞滿對你無益的雜念，你得為此付出代價。由於大腦的神經可塑性，它本來就具有適應能力，包括可以適應不利於幸福與健康的環境。你愈是聽從腦中那些不正確的雜念、錯誤的或限制性的信念，或是任何不能符合你最大利益的念頭，它就愈根深柢固地附著在你的神經網絡中⑤。

我想起這樣的說法：「你是你所想」（You are what you think）以及「文字形塑了我們所生活的世界」（Words shape the world in which we live）。

透過神經可塑性的運作，你愈常實踐心靈潔淨，你就愈能改變你的內在世界。把這個當作是對於你的大腦邊緣系統的一種鍛鍊。每當你抓住一個限制性的信念，對它有所警覺，並且用一套不同的動作、行為或是情緒來回應它，你就可以打造出新的神經通路或是突觸。你愈常練習，就能創造出愈多的神經通路和網絡，而且隨著時間推移，它們在腦中會變得愈來愈深刻。當你的內在世界改變了，每件事都會跟著變了，包括你在日常生活裡的各種經歷。

轉念

雜念會引導你用對你不利的方式來看事情。像是：

我覺得自己不夠好。

　　我再也無法忍受……（請自行插入事件選項）。

　　我在……（請自行插入活動或是學校的學科）方面不太行。

　　愈是這樣想，事情就真的變成這樣了。

　　潔淨你的心靈能夠幫助你轉念，讓你產生比較有建設性的想法。當你有意識地延伸自己的知覺觸角，並且把它變成日常生活的一部分，你就可以重新改造自己的想法，讓想法符合自己的最大利益。這就像去健身房一樣，你的心智也需要一些訓練，以便讓你保有健康有益的想法。心靈潔淨是一種藝術，它需要技巧，也需要練習，而且還要抱持成長的心態。經過時間的淬鍊，你的技巧便會昇華，就像一位藝術家一樣，手藝將會更加精湛（我們前一章提過的杜維克博士的那本《心態致勝：全新成功心理學》裡，介紹如何淬鍊技巧的有效方法）。每個人都有能力學習如何實踐心靈潔淨，而關鍵就在於找到適合自己的方式。

　　就像進行任何居家改造一樣，先了解房子的基礎結構很重要，才知道未來要在什麼樣的基礎上建設與改造。在出走階段，進行「如果……，就可以……」的練習，這樣應該可以攪動腦中限制信念那潭死水。如果沒有產生這樣的效應，我可是會非常地吃驚。腦中的雜念一直在提醒你障礙的存在嗎？或者，你是不是有一大堆的藉口，可以用來推託「暫停一下」不是下一步該做的事？當我們沒有任何特定的答案，或是注視著別人臉上的不確定性時，就很容易感到恐慌。

清理你的心智圖書館

我喜歡把我們所有的記憶、信念、行為和經驗，視作是一個一個的檔案，或是「錄音帶」，典藏在我們的心智圖書館裡（對於一個生長於八〇年代的小孩來說，「錄音帶」這個詞深深烙印在我腦海的詞庫中）。每一件館藏都可以被借出來、被利用，然後返還放回架子上歸檔。

我們的大腦中，有一種最常見的防衛機制，就是我們會從心智圖書館裡，挑出一捲「恐懼的錄音帶」。在這捲帶子播放的時候，你有可能會注意到它。它可能會在你出其不意的時候開始播放，聲音可能很大聲，表示有一個限制性信念，或是有一種恐懼跑出來，警告你不要輕舉妄動，或是告誡你如果真的要這麼做的話，一定要特別小心。心靈的清理就從這裡下手。當這種情況發生的時候，要提高警覺，當下（或是在你意識到事情已經發生的時候）就把這個念頭攔截，告訴自己，這只是心智圖書館中的一捲館藏錄音帶。我們並不是要抹滅這項恐懼的存在，而是既然知道它在那裡，就能夠把它更換成重新灌錄的，而且內容較具建設性的錄音帶，新的錄音帶可以引領你採取下一個行動，而不是阻止你採取行動。

這些錄音帶所錄製的訊息聽起來大概是像這樣：

◆ **一般虛張聲勢的威嚇錄音帶：**我絕不可能解決這個問題。

如果我失敗了怎麼辦？在這捲錄音帶裡，你的大腦會隨手抓一個藉口，來阻止你進行下一個動作。

◆ **財務錄音帶**：我要怎麼負擔這筆費用？我絕不可能存到那麼多錢。我實在是很不會存錢／我很會亂花錢。我沒有足夠的存款。我沒有穩定的收入來源。在這捲錄音帶裡，錢的問題就是阻止你採取行動的藉口。

◆ **擔心失控錄音帶**：我要怎麼活下去？我會發生什麼事？如果我不喜歡這個活動或是計畫怎麼辦？如果要我經歷這些，我會覺得渾身不自在。這捲錄音帶想要阻止你採取行動，因為有太多的未知，還有超出你的控制範圍的變數。

◆ **缺乏背書的錄音帶**：如果我做了這類的決定，我的朋友／家人／伴侶會怎麼看我？這捲錄音帶利用人們擔心遭到他人否定的擔憂，來達到維持原狀的目的。

◆ **自我毀滅錄音帶**：我注定會失敗。我現在為什麼必須做這件事？這麼做對我有什麼好處？我絕不可能學到什麼新把戲，這根本就是在浪費時間。這捲錄音帶是藉著你心中一連串的不安來和你對話，告訴你不要採取任何行動。

這些虛張聲勢的威嚇錄音帶無時無刻都在播放。請注意我並沒有使用「負面」這樣的字眼來形容它們。它們不盡然都是不好的，而且我的意思並不是要抹滅它們，或是要忽略它們，因為那麼做只會讓問題更嚴重。重點在於，我們應該要接受那是一些過

時的錄音內容，它們是你的心智圖書館典藏的文獻，但是內容已經不合時宜了。

如何讓這些錄音內容與時俱進，關鍵在於你必須認清，什麼樣的信念可以為你帶來最大的利益，而你要錄製新的錄音帶或是創造新的信念時，必須根據這個符合自己最大利益的原則來進行。有一種工具可以幫助你完成這件事，那就是「泰射」（TASER）你的思維，步驟包括：瞄準（tune in）、承認（acknowledge）、瞄準（shift）、表達（express）、重複（repeat）。

察覺你的負面想法

下次當你注意到自己有謬誤的信念跑出來的時候，試試看我所說的「泰射技術」（TASER technique）。那就好像你在使用可以把人擊昏的泰射槍（Taser gun），你當下就可以咻的一聲，把想法「擊垮」。你可以泰射一個錯誤的信念，在它的彈道上就把它攔阻下來。只要你多加練習泰射技術，時間一久，你對於那些不符合自己利益的想法或信念的警覺性便會提高。

在你規畫你的暫停計畫時，泰射技術是一項很棒的工具，但是它的用途可不止於此，可以廣泛應用在你生活中的每一個面向。你過去已經花了好多年，甚至是一生的時間，在聽這些充斥著錯誤信念的錄音帶。現在該是把它們泰射掉的時候了！泰射技術有以下幾個步驟：

留意「大腦杏仁核劫持」

當你觀察自己的想法，並且開始在心智圖書館裡排序整理那些錯誤的信念和恐懼錄音帶時，很容易引起諸多不適。許多時候，我們會恢復舊的行為模式，並採用過去習慣的思考方式（從神經學上來講，我們將回歸大腦所熟悉的、已連結的既有神經通路），而這一點也不會讓人感到驚訝。這時候我們腦中負責執行較高層次思考的部分，也就是大腦前額葉皮質區呈現離線狀態，而大腦的情緒中心則取得優先主導權[6]。當這種情況發生的時候，我們會陷入以管窺天的狹隘視野，並且落入大腦邊緣系統的情緒反應中。它占據了我們全部或大部分的注意力，幾乎沒有辦法做任何其他事。這種情況背後的運作機制，就是大腦中那些集結成杏仁形狀的神經元，也就是大家所熟知的「大腦杏仁核」（amygdala），接收了所有的情緒刺激之後活化起來，並迅速激起瞬間的存活反應。這就是所謂的「大腦杏仁核劫持」（amygdala hijack）。那種感覺就像是自己從原本理性的、有意識的思考方式中被劫持，而陷入情緒主導的情境中。

◆ **瞄準**：當你聽到自己有一個限制性信念跑出來，馬上瞄準。當下就把它攔截下來是最理想的，但是即使是在事後才把念頭給泰射掉，對你還是有幫助。

◆ **承認**：承認你所聽到的；並且承認那些都是你的內心所播放，再熟悉不過的錄音內容。你的大腦一直在執行它所熟知，而且可以預期的東西。這些錄音資料存在那裡，並沒有什麼大礙。我們腦中所播放的錄音帶上面錄製的內容，都是根據你個人的經驗、過去的歷史、環境、生活，以及（或是）限制性觀點，而這些都是你在孩提時代所建構的。你可以本著善良溫和的照顧者的精神，來照看自己，承認你所聽到的，而不要苛責自己。

◆ **轉換**：把錯誤的信念轉換成新的信念，這才是更準確、更有意識的自我呈現。舉例來說，如果你的錯誤信念是：「我不夠好！」就把新的信念轉換成完全相反的論述。在這個例子，新的信念就會是：「我已經夠好了！」你這個剛更新過的全新信念可以符合你的最大利益，也可以成為自我定位的依據。

◆ **表達**：把你的新信念表達出來。讓我們再次想想你那充滿柔情與愛的聲音。大聲地把你的新信念說出來，像是大聲說：「我已經夠『好』了！（或是任何和你之前舊的錯誤信念相反的形容詞）」你可以大聲地把自己任何的感覺都說出來，像是：「我現在覺得好害怕。」或是「我覺得很開心。」藉著把你的新信念和你的感覺大聲說出來，從神經學角度來看，你的大腦便會開始以不同的方式思考，這是因為你驅動了你的大腦前額葉皮質區，並指示它更有智慧地

認同你的情緒

禪修不只是讓人感到自在愉悅。它可以用來調整情緒層面，並讓你更能感受你的身體。心理學家同時也是佛教禪修老師塔拉・布萊克（Tara Brach）在她的《全然接受這樣的我》（Radical Acceptance）一書中，談到全然接受我們的情緒。她使用一種名為「邀請魔王波旬（Mara）留下來喝茶」的練習，這種練習和「重述而平撫」（name it to tame it）技巧[7]所使用的原理是一樣的。它的概念是這樣的，當你進入禪修，藉著一遍又一遍地說出你的感覺，就像是在說口頭禪一樣，你就能認同自己的情緒，而不是去壓抑情緒。舉個例子，如果你覺得憤怒，就大聲說出來：「氣死我了！氣死我了！氣死我了！」這和我們之前的練習有相似的效果，也就是確認你當下的感受，啟動你的大腦前額葉皮質區，讓你的情緒完整發展並讓它在你體內流動。

轉換信念

在陳述任何一項限制性信念時，請在句子前面加上「過去」兩個字。例如：「我不會要求自己想要的。」就變成：「過去，我不會要求自己想要的。」這麼做能夠幫助你把限制性信念，轉換成比較正確、比較即時的信念。

思考你的狀態，這和實際體驗那個狀態有所差異[8]。這個動作本身能夠讓大腦中主司較高層次思考的部分，重新上線運作。避免不必要的評判，也不要太過挑剔。單純體驗當下就好。

◆ **重複**：每當你攔截一個剛剛浮現的錯誤、過時的信念時，請重複進行一次上面的程序。重複這套程序對於建構新的神經通路並對其進行編碼至關重要。這將會產生正面的長期效果。你可能有聽過一項統計，我們大約要花 1 萬個小時的時間，才能精熟任何一項技能，不管你是一位奧林匹克運動員，還是一位禪修的僧侶，或是一位音樂天才都必須如此[9]。如果我們想要轉換自己的思考方式，同樣沒有捷徑，假設我們一生中，有三分之二的時間是醒著的、是有意識的，那麼我們如何運用清醒的時間就很重要。當我們不時進行泰射演練的時候，這個最後的步驟能夠幫助你在這方面專心致志，而這對於長期創造與形塑新的信念至關重要。就像培養任何技巧一樣，只要持續練習，在你轉換信念的時候，無疑地你將會變得更加嫻熟順暢。

你值得好好經營生活

從壓力過大的職業棒球選手轉化為真實面對人生的專家
麥克·羅賓斯（Mike Robbins）

預算：他當時擁有的所有存款

期間：五個月

目標：尋找他的人生志業

觸發關鍵：在那場改變生涯的傷害發生之後，麥克不知道該做什麼。他先跑去一家網路廣告公司24/7 Media當業務，後來跳槽到 Rivals.com。1990 年代網際網路掀起熱潮，Rivals. com 躬逢其盛準備上市。到了 2000 年中，麥克跟許多其他人一樣，收到公司在市場以及經濟趨緩的衝擊下，正在縮編的通知。麥克覺得壓力大得喘不過氣，他嚇壞了，不知道下一步該何去何從。

計畫：麥克想要馬上開始找工作，這似乎是很合理的下一步。在他開始求職的同時，他也開始思考其他改變人生的重大決定。他和女朋友分手；選擇留在舊金山而不是搬到洛杉磯，這是他考慮了好幾個月才做出的決定。

他決定不再繼續求職，轉而收拾行囊，打算去當幾個月

的背包客。他把當背包客這件事，列在人生中要趁早完成的大事清單上。接下來的五個月，他實現了心中最大的夢想之一。他在雪梨駐足，在那裏觀賞 2000 年奧運競賽而感到備受啟發。奧運競賽結束之後，麥克轉往倫敦、巴黎和紐約探險，這些都是他早就想要造訪的地方。

世界再度呈現新的面貌。嶄新的視野讓麥克明白他有多麼渴望他的人生可以更豐富。他渴望在一個能夠讓他有所成長發達的地方安身立命。他思考著要如何讓人生更圓滿，如何讓每一天的感受，都和他在探險旅程中的感受一樣，就像在網際網路產業的短暫工作經歷那樣，令人渾身帶勁。

影響：麥克在 2000 年底回到舊金山，參加「畫時代教育機構」（Landmark Education，現在的名稱是 Landmark Worldwide）所開設的個人成長課程時，遇到他未來的妻子蜜雪兒。當他專注於自我成長而且愈來愈能洞察有什麼不一樣的做法，以及如何把這些東西整合到他的世界時，他得到某種啟示。他覺得自己被賦予使命，要去幫助他人。他希望自己的人生有更多可能，同時著眼於撰寫他的第一本書。

現在，麥克投身於輔導諮商事業已經有十五年了，他為《財星》雜誌（_Fortune_）全球五百大企業演講，也對私人客戶演說，分享感恩訊息以及如何在日常生活中表達感謝。他的核心理論就是，如果你學會在當下真心表達你的感謝，並

能感受它，你會在生活的各個面向都感到更滿足、更順利。他傳達的是一個很重要的訊息：不管是在商場上或是私人領域、身體的或是心理的，心懷感恩與讚賞會讓你有不同的感受，也能讓你和他人的互動方式變得不一樣。這是一個有價值的訊息，也是更多人需要了解的一個訊息。

暫時停歇過後，麥克寫了三本書：《勇敢做自己，其他人都已經這麼做了！》（*Be Yourself*）、《隱惡揚善》（*Focus on the Good Stuff*）以及《為自己改變》（*Nothing Changes Until You Do*）。他曾在無數的會議中演講，其中包括三場針對「感恩」和「真實面對」這兩個他最鍾愛的主題所進行的 TED 演說。麥克和蜜雪兒有兩個女兒；他確保自己做到對家人、客戶以及朋友表達感謝之意。如果你打電話給麥克，你會收到他的語音訊息，鼓勵你告訴他，你在當天覺得值得感恩的一件事。現在，這真是一則強勁有力的（語音）訊息！

練習從日常中出走

一躍而起！在落下之際找到乘風飛翔的翅膀

當你一躍而起的時候，請相信你的雙腳將會落在一片敞開雙臂邀請你蒞臨的嶄新土地上。

你已經準備好了！就算你不這麼認為

你的大腦是一個擅長操作注意力轉移戰術的專家，而且幾乎任何事它都有辦法讓你認定和相信。相反的，你要相信你自己，你要相信你已經準備好要做些改變、要暫停一下，或是要嘗試某種新的東西。你可能總是想多做一點規畫、多執行一些東西，或者想要準備得更充分，但是除非你有企圖要實際採取一些行動（而不是紙上談兵而已），不然的話，很容易就會落入永無止盡的規畫迴圈裡。

適時尋求支援，並且敞開胸懷接受幫助

請記住你可以尋求協助。請跟那些可以在背後支持你，並且一路上可以提供你協助的人，分享你的計畫。在你需要協助的時候有人可以幫助你，每件事都會變得比較容易。

讓他們知道你需要他們的協助，同時讓他們知道怎麼幫你；而他們通常極有可能會答應你的請求。

表現得「彷彿」真有其事！

威廉・詹姆斯（William James, 1984～1910）是他那個年代頂尖的哲學家與心理學家，他相信幸福是積極參與生活遊戲所帶來的結果[10]。詹姆斯認為，如果人們能夠表現得「彷彿」他們擁有一種特質、一種信念或是一種態度，這將會

促使他們體現和創造出那一類的行為。詹姆斯寫道：

「你不要害怕生活。請相信生活值得你好好去經營，而你抱持的信念會幫助你創造事實[11]。」這個概念另外還有其他的名號：「假戲真做！」（Fake it 'til you make it.）你可以表現得「儼然」是一個重要的人物（或是儼然創造出一個你重視的全新信念），如此一來，你極有可能覺得事情真的就像這樣。

練習聆聽內在聲音

清查不合時宜的限制性信念

◆ 把一張紙縱向對折，或是在紙上畫一條縱向的直線，這樣你就可以有兩個欄位可以使用。在左邊的欄位寫下和你的暫停計畫相關的限制性信念。下面我舉幾個例子：如果我進入一段比較長的暫停階段，我會把錢都花光。我不配放慢腳步。我忙得沒有辦法暫停一下，或是忙得沒有辦法去釐清什麼對我才是行得通的。避免使用像是「總是」、「從不」以及「必定」等等沒得商量的字眼。

◆ 把那些最能呼應你的一個或多個限制性信念圈起來（例如：任何會讓你覺得「我也有這種想法，真的！」的信念）。

◆ 在每一個限制性信念的旁邊，也就是在右邊欄位相對應的地方，寫下可以用來替換它的新信念。

◆ 檢視一下你列在右邊欄位更新後的新信念。想想看，你要怎樣開始表現出自己「儼然」相信就是那樣，並且全心接受這些新的信念？

5

評估資源，打造出走計畫

除非保證履行承諾，不然那只是信口開河和空泛的希望，
而算不上什麼計畫。

—— 管理大師　彼得・杜拉克（Peter Drucker）

我們前一章談到「潔淨心靈」如何幫助你創造出走計畫所需
的理想心態，接下來的重點，就是要了解如何建構你的資源所能
夠支援的規畫。不管你決定做什麼，你都可以用以下三種刻度盤
來衡量什麼是最適合你的方式。

衡量出走計畫的三種刻度盤：

◆ 金錢
◆ 時間框架
◆ 活動

關於如何制訂一個出走計畫，並沒有什麼獨門秘方，因為它
其實是一門藝術。我們可以把這次暫停想像成一個儀表板，然後

依據你自己的靈活度和創造力，來調整上述三種刻度盤在你的暫停儀表板上的刻度。

遺憾的是，很多人根本就不考慮暫停或出走。他們誤以為進入暫停狀態要花很多錢，或是認為他們沒有那麼多時間做這件事。事實上，並不會單純因為你沒有什麼積蓄，就表示你只能暫停一段較短的時間；同樣的，並不會單純因為你坐擁金山銀山，就表示你的暫停時刻可以一直持續到天荒地老。這完全取決於你要做什麼，以及你想要怎麼做。

事實是，任何人都可以出走。人們對於未知的恐懼，以及其限制性信念，才是阻止他們進入暫停狀態的原因。譬如說，你已經進入出走的狀態，而且選讀這本書，因為你把時間投資在閱讀本書，你所得到的報酬就是有時間和空間，學習如何讓出走為你帶來最大的利益。進入出走狀態，其實是幫你創造一種行為上的轉變，讓你得以更真切地與自己同在。除此之外，其他事情都是次要的。

金錢評估

誰不希望擁有更多的錢？讓我們面對事實吧，財務通常是規畫任何事情時最棘手的部分。釐清什麼是在你的財力範圍內，什麼又超出你的財力範圍，這是很重要的事。不管你將採行哪一種暫停模式，列出預算表並仔細評估，可以幫助你較妥善地規畫你

的出走計畫。只要發揮一點巧思來規畫，其實不需要因為財務問題，而讓你對於想做的事感到綁手綁腳。

有一些問題需要考慮：

◆ 如果你可以帶薪休假，何不考慮就休公司允許的最長休假時間？

◆ 如果你將申請留職停薪，那段期間你可以做哪些財力可輕鬆負擔的事？

例如，有可能你的暫停計畫基本上是不花錢的，也有可能你想要上一門課，需要有較多存款來支付學費。你有什麼可以出售或是交易來變現的？你可以做些什麼來開源節流？或許你的出走計畫是一天的徒步旅行，也可能你打算花費大筆的存款，進行一

把關預算

把夢想做大並且發揮一點創造力，對你是有幫助的。即使你沒有辦法增加存款，也沒有必要感到恐慌。你可以調整暫停計畫的時間框架以及（或是）活動內容，務實一點就對了。如果你知道距離你進入暫停階段，還有六個星期的時間，而你每個星期可以存下 100 美元，那麼你就可以根據 600 美元的預算規模，來調整你的活動內容。

次豪華的靜修之旅（雖然說我不太推薦這個選項）。現在你應該
明白，重點就是你要找出你願意花費的預算，然後根據這個預算
規畫你的出走計畫。

對於需要為較長休假時間編列預算的讀者來說，這一小節是
專門為你而寫的。我已將其分解成簡單的術語：首先，根據你認
為你在出走期間所有可能的花費，編列預算。接下來，根據你在
暫停期間的需求，擬訂你的儲蓄計畫。

你可以利用我的網站「精打細算試算表」
（Don't Break the Bank Worksheet），對預算編列進行
深度的檢視。你需要評估每個月需花費的固定成本
（房租、或貸款、水電瓦斯費等等）以及變動成本

試算表

（可自由支配的收入），將其拿來和你的稅後所得[1]進行比較。
一旦你估算出可能節省的成本，你的選擇就會變得比較有彈性。

時間評估

你願意或能夠出走多長的時間？根據你的工作狀況、彈性和
休假時程的安排，你對於這個問題可能已經有了腹案。出走活動
也可以安排在你已經計畫造訪的目的地周圍。

如果你希望把出走階段的風險降到最低，在工作的空檔暫
停一下，是個很棒的做法。你是不是累積了二或三或四個星期的
假期？想一想如何在不放棄日常工作的情況下，執行你的暫停計

畫。不要讓時間因素限制了你的構想。其實一方面保有薪水，一
方面進行有意義的暫停，這兩者是有可能兼顧的。

在領薪期間只要能夠暫停一下，不論時間持續多久，都是很
棒的做法。下面幾個暫停實例進行的時間長短都不一樣，但是每
一個暫停實例都帶來強大且正面的影響，而且只動用了最少的財
力資源，或是不須太費力就能完成規畫。

一天或是幾天：偷得浮生半日閒

我的朋友霍莉是個育有 6 歲女兒的單親媽媽。她大約每個月
會抽出一天的時間遠離塵囂。最近，她會在非假日時間，到一個
離家幾個小時車程的修道院，在那裡待上一整天。她以前從來沒
有到過任何修道院，更不用說在那裡待一整天。她喜歡讓自己置
身於一個清幽僻靜的環境裡，每個身處其中的人都專注於觀照內
在的想法與知覺。她在那裡有同好相伴，同時也能享受在戶外散
步的靜默時刻；她喜歡那裡的團膳，也喜歡參加安靜的團體冥
想。她不需要辭去工作就能做這些事；而遠離塵囂一天，便能為
她的內在平靜以及工作與生活間的平衡，帶來巨大的改變。

一週：在你居住的城市或小鎮當個觀光客

過去我住在紐約市的時候，有個一同划船的朋友葛瑞格，有
一天他宣告自己要去度假一個星期，地點就在……紐約市！他打
算要當一個觀光客，去做一般住在紐約市的人不會去做的那些很

酷的事。我原本認為他瘋了，但是當我愈去想這件事，就愈覺得這個點子實在是太妙了。他找到一個不需要離開家，就可以讓生活鬆綁的方法。

在那個星期裡，葛瑞格造訪了大都會博物館、自由女神像、中央公園，以及一些他不常走訪的鄰近地區。他每天早上都會去划船，順便跟我們說他那一天打算去哪些觀光景點。他沒花什麼大錢，就讓自己恢復活力。旅行和住宿統統都是零花費。這是我第一次聽到有人刻意不出遠門去旅行〔他的這個想法在「宅度假」（staycation）這個詞流行之前就有了〕。他刻意待在家裡探索自己的後院。他讓自己出走一下！在葛瑞格的例子裡，他專注於內在，不進行過度的規畫，也沒有過多的作為。他選擇在宅度假，而不是遠遊。

我們大家都有辦法去做類似的事。每一個城鎮、村莊和城市都有許多寶石，等著你去挖掘。戴上你的觀光帽出發去，看看出走能讓你在自己的居住地有什麼樣的收穫。

活動評估

巧妙設定你的意圖，對於活動規畫是很有幫助的。有關暫停假期的模式，從讓自己感到煥然一新的在家度假，到史詩般的旅行體驗，再到遙遠的國度尋找當志工的機會，這些都是可能的選項。或許你需要照顧長輩或是小嬰兒；或許你需要把時間用來

研究新的工作、事業或是新的角色；你可以依據自己所設定的意圖，以及目前的生活狀態，而有不同的選擇。

當你思考自己最深層的渴望時，你的腦海裡會浮現什麼樣的圖像？你可以藉由一些有意義的活動，來滿足你的渴望嗎？如果你能認清自己的渴望，你就很有可能想到一些符合預算和時間框架的好活動，這些活動能夠讓你的暫停假期值回票價。

接下來我將按照你所持有的預算高低，以及你是只有一點時間（一天），還是有一段充裕的時間（幾個星期、幾個月或是更久）舉一些例子。想像這就像是一個 2×2 的表格：

很多時間加上高價的預算：世界壯遊或是區域性旅遊、豪華旅遊、探險旅遊，或是一項所費不貲的嗜好或是運動，像是滑雪或是飛行課程。

一點時間加上便宜或中價位的預算：到公園或是鄰近地區散步、造訪當地博物館、去上一些單堂課程、參加與你的興趣相關的團體聚會、上健身課程、在社區活動中心或是家裡進行禪修、進行呼吸練習、參加靜修活動，以及默觀與靜觀練習、與朋友共進晚餐、加強關係、暢遊主題樂園、野餐、寫日誌、參加社區瑜伽、觀看 TED 的 24 分鐘演說或是 YouTube 上的 Talks at Google。在第 6 章，我還有更多的點子與您分享。

一點時間加上高價的預算：旅行一週、到附近的城市或鄉鎮住一晚、到豪華度假中心住一晚、去做 SPA，在週末或其他時間

來段小旅行兼訪友或是探視家人。

　　你可以規畫的活動類型變化無窮，這裡只列舉了少數的範例。你的創意、深度傾聽的技巧以及內心的渴望，都會激發你的靈感。靈感出現的時候，請付諸行動，讓它產生有意義的價值。

　　如果你所選擇的活動是以轉換工作跑道為中心思想，結果會怎樣呢？珍妮・布萊克（Jenny Blake）過去跟我一樣，也是 Google 的員工，她後來決定轉換工作跑道，於是在寫了一本名為《畢業人生》（*Life After College*），並且架設同名部落格之後，開始經營她自己的公司。

確認你的計畫符合你的渴望

　　運用本書後面參考單元中所收錄的工具來規畫你的金錢、時間和活動三項計畫。檢視一下你的想法，然後讓它們靜置發酵。請記住自己的渴望是什麼，然後在擬訂計畫的時候，要朝著與你的深層渴望相符的方向去做。當你的想法沉澱之後，重新檢視你的計畫，如果有任何改變發生，就去調整相對應的刻度盤。

擁抱下一步

從事業發展及教育訓練經理到企業家及作者

珍妮‧布萊克（JennyBlake）

珍妮在 Google 待了超過五年之後，覺得自己想在職場上另有發展：她想要開創自己的事業。白天她是專職的廣告文案訓練專家，同時也是事業發展企劃經理，在夜間及週末，珍妮的熱情另有寄託，這份熱情後來發展成為一本書。

預算：2 萬美元

期間：六個月

目標：從企業教育訓練與職涯發展經理的軸點轉向出發，開展自己的新事業，也就是作家、職涯策略分析師及講師三棲身分。

觸發關鍵：珍妮對於企劃的判斷力以及她全職在 Goolge 所擔負的角色，都面臨了撞牆期，所以她讓自己暫時出走，把注意力轉移到寫書上。2010 年，她秉持著「不要讓夢想胎死腹中」的信念，決定去找一個經紀人，這樣她才有辦法獲得傳統出版社的一紙出書合約。在被拒絕了二十七次之後，她終於獲得了一項肯定的答覆，而她的新書當時預計在 2011

年 3 月問世。

　　計畫：珍妮向公司提出留職停薪三個月的申請，並且配合新書出版，規畫了一趟巡迴十個城鎮的新書發表之旅。在那三個月當中，珍妮在全國各地旅行，宣傳她自己的書，這也是在 Goolge 工作超過五年之後，一次難得的充電及自我煥然一新的機會。抉擇的時刻到了，在那個轉捩點上，到底 Goolge 還是不是珍妮最棒的選擇？她應該回去？還是應該繼續走這條新發展出來的路？同為 Goolge 的一份子，我可以見證公司提供的這項留職停薪的福利，不僅是 Goolge 最棒的福利津貼政策之一，而且也是極受員工歡迎的政策。

　　影響：珍妮最後終於知道，怎麼做才能為她的生活與事業帶來最大的益處，因此，她決定要投身於開創自己的事業。現在的珍妮覺得自己比以前更快樂、更健康，而且感到更滿足，意味著她能充分掌握她自己的日子、她的工作、她的旅行安排與時間。既然珍妮是遵循自己所秉持的「盡可能對愈多的人發揮益處」的理念而去創業，她的新事業確實為她帶來了朝氣蓬勃的活力。珍妮覺得：「非常感恩自己有這個機會在生命的這個階段，開創自己的事業」。珍妮最近出版了一本名為《軸點》（*Pivot*）的新書，我把她的書和本書稱為表姊妹作品。

☀ 練習從日常中出走

慢慢鬆綁不要急

改變的過程急不得！給自己幾個星期的時間（甚至更久）來鬆綁，而且不要先預設你會完成什麼或是達到什麼目標。

關注你的健康，以及朝氣蓬勃的晨間活動

進入暫停階段有個很棒的地方，就是讓你可以把健康與健身擺在第一位。把心神放在走到戶外、運動、靜觀練習、好好吃、好好睡。

找些有趣的事情做

盡量不要把休假暫停看得太嚴肅。你可以把它當作一項契機，讓你可以自由地探險、旅行和創作，也可以重新與人互動交流。

打破日常慣性

從職業倦怠的管理諮詢顧問變成積極活躍的公民

阿爾菲‧范‧德爾‧利旺（Alfie van der Zwan）

　　有時候存款的經濟效益，可能延伸到遠遠超出你原先認為可能的範圍。阿爾菲‧范‧德爾‧利旺跟我一樣，覺得自己受到召喚要放慢腳步，而且盡可能休最長的假。他發揮創意，讓預算的經濟效益延伸，變成可以支持他兩年的花費，因為他在世界各地用極富巧思的方式旅行。

　　預算：大約每年 1.5 萬美元

　　期間：原本的計畫是三個月，後來變成兩年

　　目標：去看看世界並且尋找人生的深層意義

　　觸發關鍵：阿爾菲原本有一份待遇很好的管理諮詢顧問工作，但是這份工作並不能為他帶來滿足感，而且他覺得自己沒有辦法繼續學習與成長。他發現他身處的城市以及他所擁有的關係，都沒有辦法為他帶來快樂。阿爾菲感到很無助，而且不確定他是不是有辦法控制或是改變任何事。他的生活讓他感到沉重、枯竭與疲憊。他陷入泥淖動彈不得。在他到達自己所知的極限時，他知道有些東西需要改變，而且

他更進一步知道，需要改變的正是他自己。於是，他決定暫停一下，留職停薪兩個半月。由於他是個明星員工，所以他的老闆樂觀其成，因為老闆知道他還會回來。

計畫：阿爾菲暫別他的諮詢顧問生涯，出發走訪世界各地。他選定了一個中東國家約旦，作為這趟旅程的起點，因為他對這個國家很感興趣，而且他知道跑到那裡生活，勢必要打破他原本熟悉的生活模式。他打算盡可能少去做類似過去日常例行在做的那些事，他要把那些和過去「陷入困境」的生活相似的東西，統統拋諸腦後。在這段期間，他重新找回自信，並且在兩個半月的假期結束後，重返工作崗位。然而，重返工作崗位三個月之後，阿爾菲明白，他還需要再多認識自己，也需要再多探索他的人生。他想要重新上路，繼續探索自己是誰、自己過去的定位以及過去的想望。他宣告他的計畫之後，就買了一張到亞洲的單程機票，帶著規畫鬆散的計畫出發。阿爾菲很幸運有足夠的存款，可以讓他自由地旅行。他的目標是讓資金的經濟效益盡可能延展，時間愈久愈好。他把存款帶在身上，離開了他的故鄉約翰尼斯堡。阿爾菲在亞洲和東南亞各地旅行，旅行期間，他住在每晚要價僅僅 50 美元的廉價旅館。這和奢華一點也扯不上關係，但是他需要的就只是這樣。阿爾菲勇於嘗鮮的飲食習慣在旅行時，為他帶來很大的方便。他和當地人一樣吃街頭小吃，常

常三個攤位吃下來，才花 2、3 美元，這樣他還有多餘的錢，可以去做一節 5 塊美元的按摩！他捨棄較為昂貴的觀光運輸方式，而選擇搭乘當地人使用的交通工具，而且他還會集結其他的旅人，一起談到優惠的團體價格。每一塊省下來的錢都為他賺來更多的旅行時間。

阿爾菲有一些想造訪的朋友，所以他在城市和城市之間，以及國家和國家之間游移。他把握住每一個可以學習新事物的機會。他遇到各式各樣的人，並且放手讓生活的各個面向自行發展。他覺得該是時候去試試正好相反的做法，看看會有什麼收穫。畢竟，過去習於掌控各項環節的做法，顯然成效不彰。這是順勢讓生活本身引領他前進的大好時機。

影響：把自己浸淫在一個完全不同的環境裡，讓阿爾菲變得更能夠覺察自己的行為、模式、反應和信念。他後來把這種暫停期間保有的心態，融入日常生活中。現在他還是有辦法抓到暫停期間的那種感覺，而且他再也不會覺得生活陷入困境。

現在阿爾菲比以前快樂多了，他找到了全新的生活樂趣。他在暫停假期遇到他的另一半亞莉安妮（Ariane）。他們現在住在南非的海角鎮（Cape Town），育有一個小男孩，成為一對驕傲滿足的父母。他們還開發了一套名為「正念365」（Mindful365）的智慧型手機應用程式。從出走假期歸來

之後，阿爾菲開始在社會企業工作，這份工作能夠與他希望為人類生活帶來影響的渴望相呼應。阿爾菲持續評估自己的工作，並且根據評估結果來做一些改變。阿爾菲知道要尋找下一個冒險或挑戰，不管那會是什麼，都將是另一段旅程。歷經暫停階段的收穫就是，阿爾菲現在熱衷於快速採取行動，他不想再像過去那樣，花上好幾年的時間，才達到自己的極限。最重要的是，阿爾菲覺得有信心可以做出任何改變。他相信自己的決定，也相信生命會眷顧他，而且他知道，他可以選擇開創自己想要的生活。

練習從日常中出走

遠離舒適圈

請離開你的舒適圈！你可以有不一樣的穿著打扮，讓自己看起來不同於以往。你或許可以換個不同的髮型；或是走不同的路線去上班；或者是搬到別的城市或是別的國家。你可以做各種不同的嘗試！重點是你必須讓自己感到有點害怕（甚至是很害怕），但是每次經歷改變之後，你都會變得更加勇敢。

改變你的環境

把自己從既有的環境中抽離出來，因此你將被迫學習和創造新的模式、行為和行動。你可以為了一件你從來沒有做過的事去上課；可以到一個從來沒有去過的地方旅行（即使只是一個週末也無妨）；或者是參加一個你可以跟他們分享熱情的團體。你可以加入一個專注於某項特定主題或是嗜好的當地社群，也就是像 Meetup.com 的廣告名言：「找到你的同好！」

小兵立大功

如果你沒有辦法進行重大的改變，那麼就從小處著手。當你一步一步慢慢改變，未來要做更多的改變時，愈能覺得得心應手。將一點一滴的改變匯聚起來，隨著時間推移，我們將會看到一些巨大的改變，而如果沒有那些小改變的累積，之後不可能產生這些巨大的改變。

練習聆聽內在聲音

◆ 關於你的出走計畫，可能的最佳版本和最差版本各是什麼？

◆ 你的出走計畫儀表板上的三個刻度盤，哪一個最容易因為你稍為發揮創意或稍做規畫，就能輕易進行調整，是金錢、時間，或是活動？

◆ 為了達到你心目中理想的最佳出走計畫，哪一個刻度盤需要調整？

◆ 你要如何替存款方面、時間框架方面，或是活動方面的突發狀況，預做準備？

◆ 你在暫停期間想追求的是什麼樣的活動？請你想著自己的渴望。如果你有預算或時間上的限制，想想看你可以做哪些可能不是那麼昂貴，或者不需要那麼多的時間，但仍然能夠滿足你 最深層渴望的活動？

6

每一天的出走練習

當事情開始瘋狂地加速失控時，有時候「耐心」是唯一的
解方。請按下暫停鍵！

—— 美國作家　道格拉斯‧羅斯克夫（Douglas Rushkoff）

進入暫停的出走狀態，讓你有機會覺察自己在此時此地的感
受，並能觀察所處的環境。如果每天都能暫停一下，你將可以感
受到自己的真實存在，而不只是空想。進入出走所開創的新時空
裡，你可以透過感官知覺來發展自我存在感；你可以注意身體的
感覺；或者，客觀地觀察你當時的想法和感受。這裡有一些方法
可以讓你每天都暫停一下，你可以結合一種我所謂的「正念新觀
點」來練習。試驗看看什麼做法最行得通，或者每天嘗試一點新
的東西，來保持事物的新鮮感，避免日子一成不變。

有意識的選擇你的行動

所謂正念，並不只是提高此時此刻的覺察。你可以透過各種

不同的靜觀練習，像是專注力訓練，或是其他的正念練習，來達成這樣的目標。這種正念新觀點是在你發展存在意識的同時，融合了覺察當下的情緒自我。它將你整個完全的自我整合進來[①]。如果你想知道我這麼說是什麼意思，請你暫停，然後把注意力放在你的下一個呼吸。接下來，問問自己，當下最接近你的感覺的主訴情緒為何？是喜悅？悲傷？恐懼？憤怒？還是受傷？讓自己對於正在體驗的歷程保持好奇心。你能不能繼續專注於向內觀照，並且更進一步去感受內在，而不去理會你可能覺得多麼自在，或多麼不自在？你可能需要花一點時間做到與內在對頻，甚至可能要多試幾次才能做到。我想請你不斷地問自己：感覺怎麼樣？以及練習得如何？或許一開始，你感覺不到任何情緒存在，但是過一會兒，可能是幾秒鐘或是一、兩分鐘之後，你一定可以感覺到什麼。就好像到健身房一樣，持續練習與內在對頻，對你的意識或是情緒而言，都是很棒的注意力訓練。你可能注意到，有一個批判的念頭闖了進來。如果真的發生這種情況，看看你是不是能夠攔截這個念頭，然後應用我們第 4 章學過的泰射技術。你也可以說：「嗯，這個念頭很有趣！」接著把它建檔後，就束之高閣。這些全都是人類經驗的一部分。現實就是，我們生而為人，天生就是感受與表達的高手。

這個正念新觀點能夠完整包容所有的情緒，我們可以把這個概念轉譯為擁抱全面的自我。透過各種情緒所承載的資訊，我們得以更了解自己[②]。我們之所以生而為人的基本原則之一，就是

要透過所有的感受和經驗去感覺自己活著。我鼓勵你，在更能感覺與了解自己身體的同時，也要致力於察覺與認同自己的情緒。

我們人類在許多時候會產生一些不自覺的恐懼。與生命威脅有關的真實恐懼，確實是存在的，然而，我們的恐懼大部分都是虛假的恐懼，就像你心智圖書館裡那些過時的信念錄音帶，使你無法在個人或職場生活中邁出下一步。這類恐懼出現的形式之一，可能是浮現一種沒有建設性的想法，像是：「這個星期我應該存多少錢？」或是「我會有足夠的時間給（此處插入活動／期限／工作計畫／關係）嗎？」也可能是出現一種我們明知道自己也沒有答案的念頭。

別讓無意識的心靈影響你

關於我們無法掌握事情發展的這一類恐懼，被統稱為存在焦慮。「我死後會發生什麼事？」、「我將來會結婚嗎？」、「如果我的錢用完了怎麼辦？」、「如果我得了癌症怎麼辦？」這類焦慮引發的質疑不勝枚舉。其實，無論是任何會引發恐懼感的想法出現，我們都可以選擇好好處理；也可以選擇否認、對它麻木無感，或是讓自己抽離不愉快或是不舒服的情緒，選擇這麼做的話，其實容易多了，而且這也是我們當中的多數人，包括我自己，學到的處理方式。如果我們選擇擁抱恐懼，雖然可能會感到不太舒服，也可能感到害怕，卻可以向前開展我們的生活，並且勇於承擔風險，而且當我們與自己，包括恐懼及所有的一切，更

能合而為一時，我們最終將能感受更多當下的愉悅。

　　當你能與內在對頻，並能察覺自己的感受，無論是感到恐懼、愉悅或是任何其他的情緒，這就是我所謂真正的正念。你的雙腿可能會顫動；你的呼吸可能會變得比較淺，這就是所謂的「活著」！這不正是活著讓人感到振奮的地方嗎？如果達到這樣的境界，對於你自己和他人而言，你，會變得更具有真實的存在感。如此一來，你將激起一種漣漪效應，因為和你互動的人如果有機會感知你的真實存在，將會促使他們變得更有自覺，而且更能真實地存在，然後持續發生這樣的連鎖效應。抱持這種正念新觀點，可以讓你在和自己，或是和他人產生連結時，能夠充分感受並理想地表達自己的情緒。隨著你的正念技巧以及情緒智能提升，你將促使這個世界變得更加美好。

　　你可以學著每天練習正念，一天可以練習好幾次。當你學會無時無刻都更能體會自己的感受時，你的冒險之旅將就此展開。想像一下，當你關注自己的情緒和想法時，每一刻都像在邀請你更真切體會那一瞬間。你可以刻意藉著暫停一下，來轉換自己的情緒或行為，而且一天不只進行一次，而是一天當中可以進行許多次。學習如何溝通與表達將是下一步，但是這個練習是首要之務。就像心理學家維克多・弗蘭克提醒我們的，暫停一下，可以讓我們有餘力去注意刺激與反應之間存在什麼[3]。我認為，當你暫停一下，關注自己的感受或細節時，你就擁有有意識選擇行動的力量，而不是任由你的無意識心靈去做決定。

這正是較強的自我意識，以及有意識的情緒表達的力量所在：關注你的感受，並且把它帶入你日常的正念練習之中。突然間，每一天都有無限的片刻，可以讓你選擇作為你的暫停時刻。當你傾聽周圍的世界和自己的內心時，你會發現，每天都有不同的面貌。有些日子讓人覺得，生命的樂章揚起更優美的旋律，而且感受到生命之流灌注全身；而其他日子則讓人覺得，好像是一堆情緒混雜在一起的噪音。無論如何，當你關注自己的想法和情緒時，你就會覺得自己更加接近與自我內在對頻的境界，而這才是最重要的。

感受當下的自己

就像我們之前已經討論過的，任何一段出走，不管時間有多長，或是你在當中的感受如何，都是讓你傾聽內在聲音的好機會。因此，有些人可能會認為暫停與靜觀練習（meditation）同義，這麼想是有道理的。我們當然可以這麼認定，因為它們的術語也是共通的。靜觀練習之於我，是一種專注力訓練，就像是跟隨自己的呼吸，然後把注意力放在覺察當下，並且接受自己的感覺、想法，或是身體的感官知覺。靜觀練習的時候，你有很好的機會可以注意身體內在與外在正在發生的每件事，因此進入靜觀練習絕對是一種暫停境界。

如果你在喃喃自語：「為什麼我要練習靜觀練習？我連打坐

2 秒都辦不到！」或者「我不需要練習靜觀」，那麼我想問問你〔就像作家兼靈性運動家嘉柏莉‧伯恩斯坦（Gabrielle Bernstein）問她的聽眾〕：「你有時間在那裡自憐自艾嗎？」④ 答案很清楚，每個人都有辦法至少抽出一分鐘。送自己一份禮物吧！

2011 年，當時我正處於暫停階段，我去參加了「火人祭」（Burning Man），在那裏遇到馬克‧桑頓（Mark Thornton），他後來成為我的好朋友。他那時候已經完成了他那本名為《紐約式一分鐘冥想》（*Meditation in a New York Minute*）的書，而我在遇到他之後沒多久，就讀了那本書。我發現，就像他的書名所保證的那樣，我們可以一邊練習靜觀，一邊同時進行其他事情。換句話說，透過帶入更高的自覺，我可以更留心自己原本已經在從事的活動。書中的每一個例子都能幫助我和自己的感官知覺及感受對頻。對我來講，這是很棒的引介，帶領我和自己的身體對頻，讓我可以同時關注自己的內在與外在世界正在發生的事。這份機緣開啟了我的微靜觀修持之路，直到現在，我仍持續將微靜觀練習融入我的日常生活中。

我的目標還包括在起床之前，先練習靜觀。早上醒來之後，先躺正，然後誦唸以下的微靜觀內容。這種微靜觀等同於心靈平安基金會（Foundation for Inner Peace）所出版的《奇蹟課程》（*A Course in Miracles*）一書中所謂的日常禱告。我當初是因為嘉柏莉‧伯恩斯坦才知道這本書。我把書中的日常禱告修改成適合我的內容，以下就是我自己的版本。

　　我將雙手合十如禱，接著進行三次深度的、受意識控制的、緩慢的腹式呼吸。然後我大聲誦唸：

　　　今天是某年某月的某一天。

　　　親愛的靈性（可以替換成上帝／宇宙／神的選擇），

　　　今天我要求成為祢的延伸。

　　　今天我想請問祢：

　　　祢希望我前往何方？

　　　祢希望我遇見何人？

　　　祢希望我說何言語？

　　　祢希望我如何感受？

　　　祢希望我有何作為？

　　　我邀請祢的降臨，請祢安住我心，並且讓我見證祢的示現。

　　　感謝祢！感謝祢！感謝祢！

　　我會再做幾次更深度的腹式呼吸。接下來，我會進行幾分鐘的靜坐觀想。我會觀想自己正爬上一座階梯。我身穿一襲白色長袍，美麗的裙擺拖曳在我的身後，帶給肌膚美好的觸感。我徐緩地往上爬，一次只踩一階，而且每爬一階都會稍作停頓。我每踩一階，就會進行一次吸氣和呼氣。在階梯的頂端有一扇門等著我。當我到達彼端，推開門扉，迎接我的是一道溫暖的金色光線。有時候我會聽見一個聲音在向我訴說，而有時候我會被金色

光芒環繞與擁抱。我試著不去思考，只是聆聽。

你也可以聆聽錄好的靜觀練習音檔。你可以視你的心情而定，可能是在上班的途中，邊走邊進行靜觀；或是準備好開始你的一天之前，先練習靜觀。請注意觀察你的視覺、聽覺、味覺還有嗅覺所感知到的，以及你在情緒上的感受。你甚至可以在早上舞動幾分鐘，讓你的身體動起來，並且讓自己更能感受自我的存在。我並不是一個純粹主義者，上面列舉的方法只是要幫助你更能自我覺察，並且提高你的自我意識。這些方法在我的書中都得到印證。

活在當下的勇氣

如果你發現自己的感官知覺已經開啟，當你抬頭仰望時，你會注意到天空有多藍；當風揚起，你會感覺到它吹拂你的臉頰；當你經過一棵樹，你可以聞得出來那是松樹的氣味；或者，當你的朋友說話時，你會注意聽他們在說什麼。這就是活在當下的感覺！此刻的你，進入了暫停的境界，你在此中專注於觀察，而非思考。當你發現自己正在使用任何一種或多種感官，去看、去聽、去聞、去品嘗或是去感覺，而心中不做任何評判，也沒有生起讓人分心的雜念時，此刻的你，便是真實存在於當下。

分心是正常的

在靜觀練習過程裡，分心或是失焦是很正常的，也是可以預

見的。關鍵在於，你知道這是必然發生的情況，不必為此感到挫折。相反的，抱持認同與接受的態度（你可以說：「我現在注意力真的被分散了」），然後再度把精力放回你的暫停練習。

給自己一分鐘

這個做法很簡單，你只需要花一分鐘的時間，就可以讓自己暫停一下。

腹式呼吸

最容易讓自己進入暫停狀態的方式，就是專注於你的呼吸。在椅子上坐直，不要靠背，雙腿不要交叉，兩隻腳踏實地踩在地上。把一隻手放在你的橫膈膜上，或是放在肚子上。慢慢地從鼻子吸氣。讓橫膈膜推動你壓在上面的那隻手。感覺空氣由下往上進入你的肺部。屏住呼吸 1 ～ 2 秒，然後慢慢從嘴巴吐氣，讓你的橫膈膜收縮，並且讓壓在上面的手隨之運動，就像剛剛在進行反向的吸氣動作時那樣。把手放在你的橫膈膜上，可以幫助你覺察身體的變化，你也可以在吸氣時數數，而在呼氣時，再數一遍。如果你忘了數到哪裡，那就重頭再數一遍，一直重複到你可以從一數到十為止；數到十之後，再重頭來一遍。

這個暫停練習可以讓你及時地放鬆、提神、煥然一新。即使只有短短的 60 秒，也能夠改變你當天接下來的心情、想法和

設定適合自己的日常出走

你可以用適合自己的步調，來進行你的日常暫停儀式。試試看在一天當中的不同時間，暫停一下，譬如說在剛起床的時候，或是在就寢前。你可以設定計時器，這樣你就不必擔心時間問題。你可以試驗一下，在某一天進行暫停練習時，閉上雙眼；而隔天的暫停練習，則張開雙眼。你也可以試試躺下來，而不是坐著練習。

感受。」當我這麼做的時候，我感到自己的視野更加寬廣，心胸更加開闊。我感覺心情更加平靜，內心更為踏實，也更具有洞察力。

微觀正念

大衛・金恩・凱勒（David King Keller）博士是一位企業發展諮詢顧問，專門講授溝通的神經科學，他的博士論文主題就是暫停議題（他是我心目中的英雄）。他的研究包含了豐富的神經科學所支持的數據，那些數據主要是關於人們在引進他所謂的「微暫停」技巧後，大腦如何改變。他甚至替這套微暫停方法，註冊了一個新的名字，叫做「微觀正念」（MicroMindfullness）。這套方法的好處無遠弗屆，研究結果顯示，只要每天練習幾次這套技

巧，便能夠減輕壓力、提高生產力，並且提高警覺[5]。你應該有
30 秒的時間吧？凱勒博士提倡了三個 10 秒鐘的微暫停壓力舒緩
方法，任何人都可以開始試試看。

- ◆ **深呼吸六次**：根據一項針對 2.1 萬人的研究發現，最快速
  減壓的方法，就是深呼吸六次。這個方法可以降低心率，
  並且可以將自主神經狀態，從戰鬥或逃跑交感神經系統模
  式，轉移到更具生產力的高功能副交感神經系統模式。就
  生理上來看，你的身體正在接收放鬆的信號，而這些信號
  是透過更慢、更受控制的呼吸速度所釋放出來的。你的肩
  膀放鬆了，你的下巴變軟了，而你的眉頭也不再深鎖。注
  意看看，當你有意識地呼吸時，你的身體感覺有多不同。
- ◆ **把一個掌心朝著你的臉**：把一隻手的掌心貼近你的臉，位
  置就在嘴巴的前方，然後對著你的掌心吹氣，這時把全部
  的注意力都放在你的呼吸，以及手掌的知覺上。這會讓人
  非常專注而且非常平靜。
- ◆ **兩個掌心一起來**：把兩個掌心貼近臉的任一側，位置差不
  多在眼睛的高度，然後試著同時盯著兩個掌心看。這個挑
  戰足以讓大腦中呈現緊張狀態的「較低階原始」的大腦杏
  仁核部位，放鬆下來，進而啟動大腦中負責較高功能的執
  行決策部位，即大腦前額葉皮質層，因此讓你進入一個較
  為平靜的狀態。

關於微觀正念，大衛在他的新書《你值三十秒嗎？》（*Are You Worth Thirty Seconds?*）（我們都可以熱切的回應：「當然值得！」）有更深入的介紹。

運用你的五感

如果我某一天早上，因為時間限制而沒有辦法進入靜觀練習的話，我就會執行這種暫停法。這種方法隨時都可以進行，包括你在街上行走的時候、沖澡的時候，甚至是刷牙的時候。

無論你正在從事什麼活動，用你的五種感官來描述正在發生的事。專注於當下，並且關注你的內在與外在正在發生的事。

你看見什麼？

你聽見什麼？

你聞到什麼？

當你雙腳觸地時，感覺如何？或者，坐在椅子上的感覺如何？

你感受到什麼樣的情緒？

你身體的哪個部位感受到這樣的變化？

如果可以的話，請閉上你的雙眼，然後繼續進行有意識的呼吸。傾聽你周遭的聲音，或者感覺你臉上的冷熱變化。或是，靜聽自己的心跳聲。

大自然式的出走

走到戶外去！如果你沒有辦法到戶外的話，那麼請找一張彩色照片，或是一張能鼓舞人心的圖片。無論您是在戶外，還是只是看著美麗的風景圖片，都可以將您的環境分成幾個部分來描述，並且分別把焦點放在每一個部分。如果你是在戶外，先從看著地面開始，然後問自己：「地面是什麼顏色？它的質地像什麼？」如果你看到一棵生機盎然的樹、一株植物，甚至是一片草地，針對那個物體，以上述相同的問題問問自己。來個深呼吸，它聞起來像什麼？你可以觸摸土地，或者拾起一把土，聞聞泥土的味道，或者把你的鼻子湊近一朵花或一棵樹聞聞看。當你聞到這個氣味時，你心裡想到什麼？當你描述周遭環境時，你心裡的感覺如何？

在你進行本章的出走練習時，試著把下面列舉的自我檢查項目融合進來，放進一個或多個項目都可以：

◆ 與你的內在對頻，並且關注你的想法與情緒：如果你不確定自己的情緒狀態，那麼你可以從人類的五大主要情緒中，挑選一個最接近你當時的感覺（害怕、受傷、快樂、憤怒和悲傷）。你一天有多少次和自己的內在對頻？你可以試試看每小時設定計時器，或是在每餐之前先試著和內在對頻。有朝一日，這將成為一種對你有益的習慣。你愈常練習，就會變得愈容易感受自己在任何特定時刻的情緒。

◆ **身體掃描**：想像有一束光，垂直射入你的身體，把你從頭到腳掃描一遍。隨著光束在你身上由上往下移動，注意你的身體有何感覺。想像當你針對某個特定的身體部位呼吸吹氣時，光束也消融你所有緊張的感覺。繼續進行，直到全身被光束徹頭徹尾掃描完畢。你可以試驗看看，反向進行，變成從腳到頭掃描一遍；也可以試試看，用站姿、坐姿，或者是躺下來進行。

◆ **選擇一個物體當作你定位的「錨」，或是當作你專注的焦點**：你可以選擇你的呼吸、一枝點燃的蠟燭，或是在遠處的物體，當作你的錨。一旦你的注意力飄走，可以幫助你把心思拉回來的任何東西都可以。你的雙眼張開或是閉著都無妨。我們的心思很喜歡四處遊盪，要知道這種情形隨時會發生，所以如果你注意到這種情況，只要回到幫助你定位的錨就可以了。

◆ **利用與感官知覺有關的問題來提升你的存在感**：問問你自己：「我注意到什麼？我忽略了什麼？我看見什麼？那裡有什麼紋理？我感覺到什麼？我聞到什麼？這裡有什麼聲音？」

日常生活中就可以這樣出走

◆ 到戶外散步，即便只是在街區附近走走也可以。就像到大

自然中散步那樣，請把注意力放在你的感官經驗、情緒，
以及對四周的觀察中。你可以邀請一位朋友和你一起進行
一趟這種「有意識」的散步，請跟他解釋散步的目的。之
後，你們可以討論一下，彼此交換剛才的經驗。

◆ 啜飲一杯茶或是一杯咖啡而不要分心去做其他事，像是查
看你的電話，或是看其他人講話。

◆ 練習一個瑜伽動作；或是來一場舞蹈派對讓自己舞動身
體，你可以跳一首曲子或者是更長的時間，可以自己獨
舞，也可以和別人一起跳舞。

◆ 當天至少針對一件事表達感謝之意。你可以條列至多十件
事，或是計時一分鐘，然後在時間之內，感謝心裡想到的
每一件事。

◆ 建立每天進行一分鐘有意識的「正念」暫停習慣，就在你
正從事其他事情的時候進行。

◆ 當你的頭一碰到枕頭，想想你一天當中最喜愛的時刻。
我能在 2002 年學到這種做法，完全要感謝福特漢姆大學
（Fordham University）管理學教授的引介。十五年後的今
天，我還是一樣在每天晚上睡覺之前，都會這樣做。我因
此睡得更好，這是我能想像的美好時刻。現在你也可以練
習看看！

活在當下

從建築師到創意培育者與關鍵創造力的創始人

奧斯汀・希爾・蕭（Austin Hill Shaw）

　　奧斯汀在 2001 年以超群的成績畢業於建築學院，並且獲得可以前往西班牙巴斯克自治區學習一年的獎學金。這聽起來再理想不過：他可以繼續精進自己的建築專業知識，也可以練好西班牙語。獲得這項機會是一個極大的成就，但是他也為此付出代價：他知道他的生活失去了平衡。一直以來，他專心致力於學校的表現，卻忽略了友誼和親情。他無法內化他的成就，而且感覺那就像是一場騙局，那是一種被稱作「冒牌者症候群」（impostor syndrome）的感覺。當然，在國外生活可以讓他的步調放慢，也可以消除他令人擔憂的思緒，同時讓他的生活恢復平衡。

　　預算：由佛教社區成員提供的資金

　　期間：三個月

　　目標：再次感覺自己融入世界

　　觸發關鍵：儘管他搬到了國外，但很快地他就發現，他的習慣模式也跟著他一起旅行。奧斯汀發現，自己似乎處

在一個會讓自己更強烈感受缺乏歸屬的空間裡。他在異國生活，難以融入其中。他比同班同學大了十歲，而比教授們年輕十到二十歲。

第一年快要結束的時候，奧斯汀在附近的畢爾包市（Bilbao）得到一份工作。

他鯉躍龍門，得以在國際城市工作，這個城市以建築師法蘭克‧蓋瑞（Frank Gehry）的名作古根漢美術館，聞名於世。然而他內心的動盪還在持續著；而且他仍然覺得不太自在，或者說無法確信自己屬於那裡。奧斯汀接受了這份工作，但是他首先爭取要先回美國一個月，他想要和思念的朋友和家人聯絡。回到美國之後，奧斯汀去拜訪他最好的朋友威廉。威廉當時已經在一個佛教社區住了兩年。威廉邀請不大情願的奧斯汀，參加為期十天的靜修。他怎麼會想在靜默中度過整整三分之一的探親時光呢？

儘管心存疑慮，奧斯汀還是去了。這是關乎奧斯汀如何感受自我的關鍵轉捩點。在那裡，一天要做 8 個小時的禪修練習，可說是令人超乎想像的嚴格規定。到了最後一天，奧斯汀覺得自己好像再度變成一個完整的人。他按照原定計畫回到畢爾包，並且開始每天打坐。他致力於在每天工作之前，先進行 30 分鐘的靜觀練習，接著做 1 個小時的瑜伽。在每餐之前或是用餐時，他會另外再做 30 分鐘的靜觀練習。週

末時，他會跳上當地的火車到大西洋海岸邊，背包裡放著帳篷和睡袋。他讓自己沉浸在大自然當中，或衝浪，或露營。靜觀練習幫助他再次感覺自己像個孩子一樣。他充滿了好奇、率性與驚奇，他感受到一種前所未見的平靜，以及一股新的活力泉源。

奧斯汀知道他想要更精進這種讓心安定的修持。結束在畢爾包的一年之後，他搬到美國加州的奧海鎮（Ojai）研究佛教社群，並且和一個佛教工程團隊一起做工。這對他來講再適合不過了：因為這結合了他的專業技能以及佛學。

在十天的禪修入門之旅過了一年半之後，他受邀參加一項為期三個月的藏傳佛教「雨季安居」禪修。他很想去，因為他知道那段時間將會過得很充實，而且有助於自己更深入了解內心世界。這個佛教社群負擔食宿和上課的所有費用，讓奧斯汀可以安心地專注於學習和修持。這是個完美的安排。

奧斯汀回頭看自己的經歷，他明白自己過去一直避開內心想要和身邊的人還有同事保持聯繫的渴望。他所熱愛的一些極限運動，像是攀岩，都是他用來避免和他人保持親密關係的方法。矛盾的是，藏傳佛教豐富的象徵符碼和微妙深義對他的吸引力，常常讓他把注意力放在大腦的思考，而不是讓他完全住在自己的身體裡，他會分析不同的修持法，而不是讓自己放鬆，然後直接體驗禪修的原始面貌，也就是身體

對於禪坐修持，直接而不經贅述的體驗。

　　計畫：奧斯汀用九十天的時間進行自我省思，他遵照一套嚴格的修持系統，在加州卡尤科斯（Cayucos）附近的禪修中心學習。這套系統包括兩個星期的獨自靜修，接著是兩個星期的弓道練習，或者是禪箭術。奧斯汀選擇弓道，作為一種流動的禪修練習，這是他和他的同伴離開中心之前，為了重回世界所做的過渡準備。

　　他最初所聽的一場演講主題是「佛法之輪」，可說是關於個人如何被習氣所牽制的精緻教學。奧斯汀經歷了深具洞見的時刻，他體悟到這場教學也和創造力有關。他看到人們如何藉著打破慣有的習氣，來恢復自然的創造力。又過了八年之後，奧斯汀當初放進心中的那顆深具洞見的種籽開始萌芽，他在 2012 年寫成一本名為《神奇海岸線：創造力之旅》（*The Shoreline of Wonder: On Being Creative*）的書。

　　然而，學得愈多，他愈感到困惑。他學到的洞見，激起了各種新的想法和情緒。他敏銳地意識到自己的情緒反應，而且所體驗到的感受，比以往任何時候多更多。他對自己的動機產生懷疑，而且質疑自己的性格和決定。他為什麼要成為一名建築師？他打算做什麼？所謂的真正感到完整和滿足，是什麼樣的感覺？

　　回首來時路，奧斯汀意識到，他的困惑是這趟旅程中

不可或缺的一部分。他對自我所做的發人深省的提問，幫助自己擺脫了自取滅亡的運作模式。他對自己的自我質疑和反思，持續幫助他轉變和塑造他成為今天的樣子。

影響：三個月的佛教徒靜修幾乎改變了奧斯汀的各個生活面向。在他進入暫停模式之前，是個被動保守的人；他的行事風格採取讓自己覺得舒適，而且在情緒上覺得安全的方式。現在，當他在日常生活瑣事和工作中失去自我時（這樣的情況太容易發生），他知道，只需要透過禪修、祈禱、歌唱或其他能帶給心靈養分的活動，就可以重新與自己連結起來。他的生活再度有聲有色。

在奧斯汀暫停之前，他主要依靠自己的智慧來找出人生的下一步。現在，他受到指引，知道要將心智作為服務心靈的工具。進入暫停境界，讓奧斯汀得以質疑自己從事的活動，並檢查潛在的動機，不論是積極的或是消極的，同時幫助他從容應對未知。直到最近，他才學會擁抱他從暫停境界中獲得的智慧，並把它發展成一個可行的架構，可以用來幫助他人和支持他自己的家庭。自此之後，奧斯汀比較少出現被孤立的感覺，同時也更加樂於接受挑戰。他了解並且能夠接受人生有的時候會脫軌；他也知道他可以從失誤、犯錯，以及慘敗的經驗中，學習與前進。

今天，奧斯汀大力倡導各式各樣的暫停模式：從正式的

靜修到野外的露營都是。他也更能觸及自己內心想要有所改變，想要與外在世界、社區和家庭有所聯繫的渴望。身為三光設計公司（3 Lights Design）的創始人，他設計了三座靜修中心，包括位於墨西哥巴哈市（Baja）那所獲獎的 Prana del Mar 療養中心。奧斯汀憑藉他在暫停期間對於創意和法輪的領悟，於 2012 年設立了關鍵創造力機構（Creativity Matters）。他和那些想要充分釋放自己創意潛能的個人，以及尋求建立創新文化的組織合作。

練習從日常中出走

「活在當下」和「放手去做」一樣重要

活在當下不僅能滋養心靈，同時也是創意的泉源。在這個「實作家」的世界裡，活在當下應該處於先導地位。花點時間體驗這個時刻，並且回味再三。承認你自己的情緒，並且運用感官知覺去接收你所感覺到的、看到的、聽到的、觸摸到的，以及品嘗到的。

除非你能夠停下來，並且真實存在於所在之處，否則將永遠無法到達下個目的地

如果你無法找到某件事的解決之道，或者目前所在之處

無法讓你感到開心，那麼極有可能，你下一個落腳的地方也不會讓你長久滿意。即使你的外在環境改變，也不意謂著你的內在環境會隨之改變。重要的是，要進行有意識的改變，並且從自身所在之處學習。

意識到黑暗

就像卡爾‧榮格（Carl Jung）說的：「一個人不是透過想像光明而開悟，而是意識到黑暗。」其實那些我們有意識或是不自覺地避免或抑制的東西，具備了極大的潛力，可以讓我們成長、療癒和感覺完整與圓滿。

為你的人生開創願景與使命

這包括知道你要往何處去，以及你為什麼要去那個地方。這麼做有助於促進同步性，也就是把我們和其他同路人連結起來，並且讓我們接觸到那些我們可以為之服務，使其臻於圓滿的人。當事情進展的不太順利的時候，它也可以幫助我們避免心智麻木、分心。

注意轉換過程

確認自己何時開始一天的工作，又於何時結束。注意自己何時把時間用來休息（暫停），何時選擇參與。如果你為

人父母，當你和孩子在一起的時候，請你盡最大的努力，全心全意地陪伴；如果有什麼情況發生，必要時，請徵求他們的同意再離開處理。我們人類具備開始和停止活動的能力，並且可以有意識地將這些行為模式灌輸給別人，這種能力使我們獲得參與感，並能感到生氣蓬勃，而且覺得靈魂受到滋養。

練習聆聽內在聲音

◆ 請你記得當你跟隨自己的呼吸時，你會變得多麼專注，這是很重要的。這是注意力訓練最簡單也是最方便的工具。你隨時隨地都可以做得到。請參閱第 1 章的說明。

◆ 試著每天進行微觀暫停，或是選擇一種這一章所介紹的大衛·金恩·凱勒博士的微觀正念技巧來練習。

◆ 選擇一種你願意嘗試的微觀暫停，並且在接下來的 30 分鐘內演練一遍。當你實際練習的時候，會發生什麼事？試著做到連續一整個星期每天進行一種練習。你可以每天都做同一種練習，或者試驗看看哪一種練習的效果最好。請把每一次暫停練習的結果，記錄在你的暫停手札或是日誌裡：

★ 微型暫停的種類

★ 日期和時間

★ 期間

★ 進入活在當下狀態的困難度（1：非常困難；2：不容易但還可以做得到；3：還算容易；4：容易／沒有問題）

★ 你在過程中注意到什麼？感知到什麼？感受到什麼？或者想到什麼？

★ 為了讓自己進入活在當下的狀態，你說了什麼？或是做了什麼？

★ 在你進行反思之前、在反思的過程中，以及之後，你的感覺如何？

7

幫自己充電

> 人類的自由，涉及我們在刺激和反應之間的暫停能力，在
> 暫停狀態中，我們得以選擇我們所意欲強調的反應。
> ── 美國存在主義心理學家　羅洛・梅（Rollo May）

我們生活在一個聯結網絡更甚於以往的年代。由於每天 24
小時都有各式各樣的數位設備可供使用，因此我們比以往任何時
候，有更多的時間保持上線狀態。我們倚賴 GPS 導航系統，抵
達目的地；我們透過各種電子媒介來探索品牌和商品內容；我們
藉著發送簡訊及社群媒體，跟朋友互通有無，而沒有進行任何的
語音對話。儘管這些工具為我們帶來了諸多的便利，像是醫藥或
是科技的發達，但是它們也帶來了壞處。

根據美國凱鵬華盈創業投資基金（Kleiner Perkins Caufield &
Byers）在 2013 年的網際網路趨勢年度報告，以全球來看，平均
而言，人們每天檢查他們的手機一百五十次[①]。也就是說，我們
每隔 2 ～ 3 分鐘就會中斷原本的生活，去查看簡訊、電子郵件、
網站或是智慧型手機應用程式。根據尼爾森公司（AC Nielsen）

2016 年第一季的閱聽眾調查報告（Total Audience Report），我們每天和螢幕互動的時間超過 10 個小時，比 2015 年同期增加了 1 個小時[②]。美國民眾平均擁有四種數位產品；美國一般消費者平均每週花費 60 個小時，瀏覽各種數位設備的內容[③]。我們已經到達臨界量。以下還有一些需要我們消化的統計數據[④]：

- 64％的社群媒體使用者表示，他們每天從他們的電腦至少造訪一次社群媒體網站
- 47％擁有智慧型手機的人，每天都會連上社群網絡
- 83％的美國家戶擁有一架高解晰度電視（HDTV）
- 80％擁有一台可連接網路的電腦
- 65％擁有至少一支智慧型手機
- 49％擁有一台數位錄影機（DVR）
- 46％擁有一台遊戲機，整體上增加更多的媒體消費

　　尼爾森報告指出，我們活在一個「最低限度配備雙螢幕時代：84％擁有智慧型手機和平板電腦的人說，他們在看電視的同時，會把他們的數位設備當作第二個螢幕來使用[⑤]。」即使我們的工作不須坐在電腦前（但是我們大多數的人必須這樣做），這些統計數據也令人大開眼界。39％的美國人在工作時會使用社群媒體；而 21％的人在使用浴室的時候，會登入社群網站。大約有 100 萬的美國民眾，每天會利用社群媒體所餵養的訊息，討論世

界正在發生哪些事。

　　現在你應該了解，在任何時候，我們都可以得出結論，資訊時代的公民把許多時間花在某種類型的數位設備上，消費使用這些媒介。想想看這對於你、你的家庭、社會，以及整個世界會有什麼影響。固定保持某種程度的離線狀態不僅是很棒的主意，也是必要的。

　　在首批行動電話問世的時候，有人知道他們將會主宰我們的生活嗎？我並非暗指使用科技無疑是有害的。然而，經常檢查電子郵件，或是時不時查看社群媒體最新貼文的行為，有一種癮頭在裡面。事實上，這些行為已經被歸類成某大類的習慣，叫做「軟癮」。這個名詞是我們在第 2 章介紹過，帶領我們認識渴望概念的茱蒂絲・萊特博士所發明的。她提醒：我們經常混淆渴望與表層的需求（請回想一下我被科技干擾的例子，我當時追求的是表層的需求，希望藉此滿足我更深層的渴望，卻徒勞無功）。在萊特那本《軟癮解方》（*The Soft Addiction Solution*）中，她提出：「如果我們沒有感受到痛苦，就不會意識到，在表層需求下正在發生某種意義深遠的事。我們吃飯、購物、看電視，而不是採取有效的行動。我們無法感受到，內心強烈地想要滿足自己希望被愛、被重視，並且有所作為的渴望[6]。」

　　作為人類，我們拚命試圖用那些可以為自我帶來即時滿足的東西，來平息那些枝微末節的渴望，卻不去滿足靈魂更大的飢餓感。軟癮都是一些普通的日常活動，例如上網或看電視、購

物、吃飯，以及對於運動、時尚或名人八卦的痴迷。軟癮也可能
是一種讓人覺得自在的心情，因此我們常在不自覺中，選擇保持
這樣的心情。譬如說，我渴望獲得一種自己和他人之間有連結的
感覺，但我不是去找人擁抱，或是和他人的眼神接觸，滿足這份
渴望，而是自怨自艾，希望用這種間接的方式博取關注。如果是
一個小女孩這麼做，可能會奏效，但是換成是我，用這種方法就
不靈了。沉迷軟癮是要付出代價的。軟癮在我們和真正的情緒滋
養之間，形成重重障礙。就像一般成癮症，例如賭癮、藥癮或酒
癮，軟癮也是需要被診斷和治療的。治療軟癮的方法就是當你又
陷進去的時候，要能自覺自己的癮頭又來了，這時趕緊問自己，
什麼是內心更深層的渴望，並且把你的感覺，以及想要如何滿足
那些重要渴望的方法寫下來。

　　我決定清查自己使用數位設備的狀況。到底我每天和科技綁
在一起的情況，有多嚴重？我很快地清查了一下自己一個星期的
狀況。我發現，平均來講，我每天醒著的時候，大約有 2 個小時
沒有使用任何數位產品。那通常是我到健身房去上飛輪課或是瑜
伽課的時候，或是深夜閱讀或寫日誌的時候。賓果！2 個小時！
我的情況就跟統計結果如出一轍。

數位排毒

　　2013 年，《牛津字典》把「數位排毒」（digital detox）這個術

語定義為：「一個人不使用智慧型手機或電腦等電子設備的一段時間⑦。」很高興看到這個定義正式成為我們文化詞彙的一部分。這意謂著這個考量受到廣泛的關注，我們更常考慮是不是應該要拔掉數位設備的插頭。

應該不需要我來告訴你，我們大多數人都覺得自己被科技拴住了。我依賴科技成癮，每天都要服用好幾回的數位安撫劑，或是數位資料。就像凱瑟琳在我暫停假期的第一天，指出我應該對科技採取干預手段，而我完全沒有意識到，那個看起來無害的小螢幕，其實是我和他人相處的障礙。必須有人讓我知道，我的行為讓人無法接受。值得慶幸的是，我有一些對我寬厚而且真心關懷我的朋友願意讓我知道，我這麼做是不健康的。

現在，我對於自己使用科技的習慣保持敏銳的自覺，如果又有上癮的情形出現，我會設法轉移。如果我發現自己又開始分心，想要去檢查電子郵件，這是我最愛的解悶途徑或是軟癮之一，我會問自己：「我現在最渴望的是什麼？」我可能會稍稍放縱自己，去電子郵件信箱看個幾分鐘，或者更久一點，但是我會設限。我對這類的放縱是有底線的，而且我發現，我在做這些事的時候，很有可能是因為我想逃避對某件事發表意見，或是不想去感受那件事。我會這樣告訴自己：「瑞秋，你又來了！你只是藉著忙碌來逃避自己、逃避你的感受，逃避你的存在。」我會深呼吸；我會停下來；我會抗拒內心想要檢查螢幕的衝動。相反的，我會用其他可以讓自己開心的方式，來轉移我的注意力。我

把注意力放到其他事物上。我會把我的數位設備放下來，抬起頭來，聽一段對話，並找出自己真實的感受。」我讓自己全心全意投入當下的時刻。正如我想說的，在我們這個「永遠保持上線」的狀態已經快要變成一種常態的年代，「數位設備暫停」（digital devices pause，簡稱 DDP）至關重要。在進行數位設備暫停的時候，你不需要辭去工作，或是跑到世界各地去旅行。無論你身處何方，你都可以就地進行，不管你需要多長時間，都沒關係，你可以配合自己的生活條件和需求等限制來執行。這種暫停和如何改變自己與科技的互動有關。你選擇把數位設備關掉一段時間，改變你投注在科技的時間配置。如果你真的進入數位設備暫停狀態，24 小時都不跟螢幕接觸，那會怎麼樣？

拔掉插頭24小時

從成功的媒體企業家到「科技安息日」儀式實踐者

蒂芬妮‧沙崙（Tiffany Shlain）

蒂芬妮‧沙崙是一位企業家，同時也是一位紀錄片製片，她和她的先生肯尼‧哥德堡（Ken Goldberg）以及兩個小孩住在舊金山灣區。蒂芬妮對科技一點也不陌生，她就是以

此維生。她創作、導演和製作了許多紀錄片，她的作品已經贏得了七十多個獎項和殊榮。蒂芬妮經營自己的媒體公司「摩克西研究院」（Moxie Institute），以及一個非營利組織「震盪效應」（LetIt Ripple）。

預算：不定；通常不需花費任何金錢，或僅是一天的花費

期間：24 小時，從星期五的日落到星期六的日落（安息日）

目標：履踐「科技安息」（Tech Shabbat）儀式

觸發關鍵：蒂芬妮為了她的 2011 年紀錄片《連結》（Connected）而研究神經科學。她所執導與創作的這部紀錄片強調人與人之間，以及人與社會之間的相互聯繫。在這部紀錄片中，她調查了自己的經驗和整個世界之間的關係。蒂芬妮開始看到遠離科技如何有利於她繁忙的生活方式。

那時候，蒂芬妮的父親正受腦癌之苦，她把這段歷程完整記錄在《連結》這部片子中。在她的父親過世之後，蒂芬妮萌生了「科技安息日」的想法，也就是一個星期當中，選擇一天進行科技離線儀式。為了在每天和每週的例行狀態中，進行儀式性的科技中斷，進而創造出這種暫停形式是很自然的。蒂芬妮回憶道：「失去我的父親就像是一記警鐘。如果我們此生只在這裡短暫的時間，我們和我們所愛的人要一起做什麼呢？」

　　蒂芬妮做此命名是為了紀念猶太人的傳統安息日，猶太人在這一天慶祝聖潔的休息日。有趣的是，我們要注意一下，並不是星期六這個日子本身被認為是聖潔的，而是紀念這一天是上帝創世六天後的休息日。正統猶太人在進行安息禮拜時，也是不使用任何科技產品的。他們更進一步不使用汽車、燈光或是任何電子或機械的東西，包括我們大多數人不會多想的行為，例如搭乘電梯。無論你想要做到多麼極端，為什麼不奉獻一天的時間真正地休息，用這一天反思一切你應該感激的事情，或者和朋友和家人在一起？

　　計畫：在希伯來語中，「sabbatical」（休假）和「Shabbat」（安息日）這兩個字彙源自相同的字根「Sabbath」（安息日）。「Sabbath」（安息日）就字面上的意思是「停止」，也就是從工作中休息或暫停；它通常被認為是一天的時間，但偶爾也是指更長的時間。蒂芬妮的做法完全恰當，她的休假是在傳統猶太習俗星期六的安息日進行的。

　　這種每週一天，把插頭拔掉 24 小時的儀式，在蒂芬妮的家庭中具有重要的意義。她說：「只要有一天完全沒有使用螢幕或讓任何科技干擾入侵，就能讓人感覺神清氣爽。」蒂芬妮、她的丈夫和她的兩個孩子已經把這個儀式，變成一種共度更多家庭時光的機會。他們會利用這段時間，準備美好的一餐，並且在一起用餐之前，藉此機會表達他們所感激

的一切。就家庭整體而言，他們感覺彼此之間的聯繫更為緊密；而就個人而言，他們覺得和自己的內心更緊密相連。

就像蒂芬妮在她的 TED 專書《腦力：從神經元到網絡》（*Brain Power: From Neuronsto Networks*）中所闡述的：「這個想法是利用你最喜歡的科技產品其中一個最棒的功能，就是它的關機功能[8]。」這一天通常會待在外面跟朋友、家人或大自然一起度過。有時候會有一些藝術項目，而其他時候則投入各式各樣的活動或是討論。除了一定要遠離科技設備之外，沒有什麼原則需要遵守。有時感覺就像很多天被壓縮成 24 小時。

蒂芬妮多年來堅守每週力行科技安息日的習慣。唯一的例外是在她去旅行，或是在會議上演說的時候，但是這種情況並不會太常發生，大概一年只有少數幾次。

在蒂芬妮執行科技安息日時，所面臨的最大挑戰，來自於必須和他人一起規畫一些事情的時候。因為處在一個大家預期你可以收得到電子郵件，或者隨時可以讀簡訊的時代，在遠離科技期間要和他人一起做事，實在是件很困難的事。其實，不靠 GPS 或電話導航系統的協助，而抵達你要去的地方，會讓事情變得很單純，也可以讓我們回到網際網路盛行前的時代，當時事先把路線圖和地圖印出來。蒂芬妮家裡的市內電話每個週六都保持暢通，以防萬一有人要聯絡他們，

或者發生什麼緊急事項。然而，在他們力行科技安息日六年以來，他們的市內電話幾乎沒有派上什麼用場。

　　影響：蒂芬妮覺得自己煥然一新、青春洋溢，而且每次從科技安息日回歸日常時，都能重新讚賞網際網路所帶來的便利，因為我們很容易就把觸手可及的科技和網際網路視為理所當然。蒂芬妮不僅更能心存感激，而且感覺自己更有創意。

☀ 練習從日常中出走

對任何事過度沉迷都不是一件好事

　　如果你發現自己黏著你的數位設備不放，或者對那些設備有點太依賴，可以嘗試一下科技安息日，看看你的感受會是如何。

體驗科技安息日帶來的正向連鎖反應

　　如果你開始力行科技安息日，別人很可能會跟著仿效。蒂芬妮的工作人員都知道星期六是她的休息日。她鼓勵大家跟她一起拔掉插頭，用適合自己的方式來進行科技安息日。

睡眠排毒

「我們當中超過 30％的人，沒有獲得足夠的睡眠。」媒體創辦人雅莉安娜・哈芬登（Arianna Huffington）在她的暢銷書《從容的力量》（*Thrive*）中，援引了美國疾病管制與預防中心（Centers for Disease Control and Prevention）的資料[9]。在其他幫助睡眠的小技巧中，她特別推薦讓房間成為「無數位產品區」。她的新年新希望，是承諾自己做到一年當中有三十天每晚睡足 8 小時的目標。有很多幫助她成功達成目標的因素，其中包括讓數位產品遠離臥室。她寫道，她讓各種數位產品「在離床鋪很遠很遠的地方充電，以防我在半夜抗拒不了誘惑，跑去查看即時新聞或是最新的電子郵件[10]。」（我還建議把浴室也列入無數位產品區的清單裡）。

◆ 在睡前或是睡眠期間，避免有任何數位產品放在臥室。這樣你比較不會起床的第一件事就是查看這些數位產品，或是就寢之後還去接聽電話或是回簡訊。

◆ 睡前至少 30 分鐘避免接觸任何螢幕。2015 年 7 月，《數位趨勢》（Digital Trends）發表了一篇文章指出，數位產品發出的特定藍光光譜如何影響睡眠的質與量。臨床心理學家及睡眠治療專家麥可・布勞斯（Michael J. Breus）說，那種特定的光譜「會發送信號到被稱為上視神經交叉核的大腦區域，並告訴它關閉褪黑激素的生產機制。褪黑激素是啟動

睡眠引擎的關鍵。」布勞斯補充說明：「一天當中大部分時間接觸藍光都沒有什麼問題。但就是不要在睡前大約九十分鐘接觸藍光[11]。」

擴大排毒

◆ 選擇一週一天或是一個月一天，完全不使用任何數位產品。例如，制定一個規矩，把星期六當作數位設備暫停日。聽起來像天方夜譚嗎？絕對有充分的理由值得你去試試看！

◆ 把一天當中的某些特定時段訂為無科技使用時段，像是晚上七點到八點，或是用餐時間。在這段時間把手機集中堆放（這種做法對於那些有衝動想去查看數位產品的人很有幫助）。

◆ 把時間擴大為三十天，除了人際接觸或是你的模擬語音之外（不使用電子郵件或是社群媒體），不使用任何可以連線的設備。

◆ 設置一個無數位產品空間，譬如說你的臥室，在那個房間裡沒有行動電話，而電視或是平板電腦也都不准使用。而且，也不能在這個房間裡充電。

　　你可以決定自己可以忍受的範圍，感覺應該就像在做伸展運動一樣。矛盾的是，選擇打破自己和數位產品的連結，反而可以讓你與人際連結過更為親密的生活。這可能要經歷一些小的試驗，但是，你一定可以找出適合你的方式，來進行數位排毒。

數位挑戰：一整天都不插電！

　　就跟蒂芬妮一樣，你也可以從科技使用中暫停一下，就算只有一天也無妨！有個方法就是響應一年一度的「全國不插電日」（National Day of Unplugging, NDU）。這個活動的概念和蒂芬妮的科技安息日類似，是一個名為「重新啟動」（Reboot）的非營利組織發起的運動，使命是創造「重要的、有共鳴與意義的猶太人的經驗」（你不需要是猶太人就能參加這項活動！）全球公認這項活動在每年三月份的第一個週末舉行。參加者可以自行決定不插電的程度。有些人做得很徹底，不使用任何電力，包括熱力或電力。其他人則是不在工作或家中接觸任何娛樂、網際網路或是其他通訊設備。不插電程度的頻譜分散得很廣。對我來說，這聽起來像是計畫野營旅行的完美藉口。張貼圖片、列印出一個標誌，並說明你為什麼拔掉電源插頭，你可以在以下網址看到更多的訊息：nationaldayofunplugging.com。

開始想念這一天，或是等不及希望這一天趕快再來？那就自己挑一天或是一段時間，然後拔掉電源插頭。重新啟動基金會也有一套名為「星期五」的智慧型手機應用程式，你可以在蘋果iTunes 商店找到。星期五應用程式有熱鬧的迎賓設計，幫助你在日落前 30 分鐘開始放鬆。無論你決定怎麼做，我建議從一天開始做起，或者只是一天內的一段時間。這意謂著關掉你的手機，並且跳脫這個框架。有什麼更好的藉口可以讓你去戶外徒步旅行，觸摸紙頁閱讀一本真正的書，或是與朋友接觸呢？所有這些都是享受不插電時光的好方法。

為了讓自己成功達成目標，你需要進行一些規畫。除非你住在靜修之路的一顆大岩石下，不然你很有可能和科技有或多或少的接觸。你可以自行決定你在排毒期間不讓科技介入的程度。不插電暫停最重要的部分之一，就是要反映出它對你的後續影響。你是否認清自己的內心渴望親自和他人接觸，並且實際滿足你的渴望，而不是透過電話發簡訊？你可能會注意到如果你要採取行動，或者說積極設法去滿足你的渴望時，不利用科技其實更容易辦到。你可以根據這一章最後「練習暫停」提出的方法，利用日誌開始規畫你的遠離科技暫停計畫。

再次強調，你隨時隨地都可以暫停一下，重要的是充分利用你的時間。暫停的力量在於它能透過轉變你的行為，為你開啟一道改變你要做什麼，以及怎麼想的閘門。

暫停一下，不僅僅是為了讓自己再充電。不管是進行數位

設備暫停，或是一個有意識的深呼吸，暫停一下，可以讓你有機會用不同的方式思考。這是一個可以讓你轉變行為，並且深入了解自我的機會；同時也是練習深度傾聽你的內在的機會。這些不同形式的暫停可能會刺激你去探查自己的內在，可能會觸發你最意想不到的反應，或是激發一個新的想法。你或許會對自己可能發現的自我充滿恐懼，但這其實是一個讓自己趨近那份恐懼的機會，請相信自己以及未來的結果。

抽離科技干擾

從數位天后到「改頭換面」杜絕數位展現創造力
丹妮爾‧拉伯特（DanielleLaPorte）

如果你還沒有遇過丹妮爾‧拉伯特，那麼你就不算見識過我們這個時代最有影響力、最具自覺性、最鼓舞人心的作家之一。在我們跨越 2011 年之際，丹妮爾已經極為成功，她身兼作家、演說家以及勵志天后等多重身分，過著自己夢想幫助他人達成目標的生活。那是我第一次遇見丹妮爾，當時我坐進一間悶熱得讓人汗流浹背的教堂，等著聽她演講，內心感到自己很幸運。那是世界統治高峰會（World Domination

Summit）的活動之一，由紐約時報暢銷作家克里斯·古利博
（Chris Guillebeau）主持，古利博曾經出版《不合格的藝術》
（*The Art of Non-Conformity*）、《3,000 元開始的自主人生》（*The $100 Startup*）以及《天生注定》（*Born for This*）等書。

　　教堂似乎很適合舉辦世界統治高峰會，我坐在那裡聆聽
丹妮爾所傳達的訊息，她告訴我們如何忠於自己，也告訴我
們何以每個人都有渴望也有能力發揮創意，並且爆發不同凡
響的表現。當時她的第一本書《火力全開》（*The Fire Starter Sessions*）已經出版，而且一路攀上紐約時報暢銷書排行榜。

　　預算：沒有超出正常的生活費用

　　期間：一個月

　　目標：讓自己出走，也讓她的工作人員暫停；利用一個
月的時間補充創意的活水源頭，並且預備把這些收穫融入下
一本書以及下一個計畫中

　　觸發關鍵：丹妮爾一直念茲在茲的就是宣揚創意完整
性。她為了讓自己的創意靈魂、聲音和意圖達到最佳狀態，
每隔一段時間她就必須再進修充電，而這可能意謂著讓自己
回歸平淡。那時候《火力全開》已經完成且正式出版，正是
丹妮爾可以再自我充實的適當時機。她覺得自己需要放鬆，
因為她知道，如果能給自己機會放慢腳步、喘口氣，並且暫
時中斷一切連結，對她的創意靈感將會有極大的幫助。等到

她從暫停狀態回歸日常之後，她希望能夠讓自己的創意提升到下一個境界。丹妮爾確信，暫時停止與外界的數位連結，正是她眼前最需要做的。

計畫：丹妮爾預計在一個月的期間內，把科技的使用降到最低。她禁止自己使用數位產品以及網際網路，讓自己在那一整個月都避開這些設備。而她的整個團隊也都跟進。

對於一個透過網路媒體打造事業王國的數位天后而言，這是一個大膽的舉動。雖然她仍然會看一點電視，但是整體而言，她毅然決然斷絕使用智慧型手機、社群媒體、影片更新、部落格、電子郵件，或是任何會和她的數位閉關扞格的事。她在部落格上貼文昭告天下，然後就這樣出人意表地，在數位世界消失了一段時間。

影響：丹妮爾進入數位暫停模式兩個星期之後，她覺得自己變得更能掌握自己的創意律動。繼續這個數位暫停計畫的想法顯然奏效，當她回到工作崗位時，變得朝氣蓬勃、煥然一新，而且活力充沛地迎接接下來的任何挑戰。她很快地投入下一本書的創作《欲望地圖》（*The Desire Map*），獻給那些想要為自己的人生創造永恆改變的人。這本書在兩年之後問世，並且成了暢銷書。

🌞 練習從日常中出走

請記住，幫自己充飽電！

請你盡可能照著做。讓我們借用一下丹妮爾睿智的比喻，如果你想延長充電電池的壽命，那麼每次充電都要把電池充到飽，而不要老是充電只充到一半。從長遠來看，每次充電都充到飽的電池將會更持久耐用。

請記住，一切都關乎能量！

真的，每件事都是如此。你要清楚自己如何運用時間。當丹妮爾第一次在她的部落格宣布她即將暫停的消息，她寫下她當時的體認：「這個我把它當作數位殿堂或是數位實驗室的空間，有它自己的能量與脈動。就像所有的生命力都有陰晴圓缺，現在，它的引擎需要冷卻。」

請記住，無論你如何想、如何做、如何感受，都是很重要的！

不要浪費你的能量，請把它用在值得你花時間、可以對你有所啟發，或是能夠讓你有所創見的事情上。無論你做什麼事，你內在的能量將會自動投注其上。

練習聆聽內在聲音

為了改善你的睡眠品質，你可以採用什麼方式來改變你的媒體使用習慣？

◆ 如果你從這個星期就開始啟動數位裝置暫停計畫，那會是什麼樣的計畫？

◆ 你如何對自己信守承諾？

8

保留彈性，創造新的體驗和機會

我在這個世界上並不是為了不負眾望而活，同樣地，我也不會覺得世界必須為我而存在。

—— 德國心理學家　弗里茲·波爾斯（Fritz Pearls）

如果你是跟我一樣幸運的人，老闆願意讓你在受僱期間休長假，不管是有薪假或是無薪假，我都要恭喜你！如果你想出走，第一步要確定你有哪些選擇。你的雇主提供什麼樣的休假福利？休長假的可能性為何？

如果可以的話，可以出走一段較長的時間，可說是幫自己充電，並且讓自己重新與內在連結的大好機會，不管是公司保障你可以於在職期間，請休某種形式的長假，或是你自己累積了足夠的休假，可以讓自己好好休息一陣子，都可以。非營利研究機構世界薪酬協會（WorldatWork）在 2016 年，針對有薪假期這個議題，訪問超過五千個會員。研究報告發現，2016 年提供在職休假保障的機構比例是 10％，其中提供有薪假及部分有薪假的比例佔 4％，而提供無薪假的比例為 6％；和 2010 年以及 2014 年的調

查結果相比，在數量上是減少的，2010 年是 15％，而 2014 年則是 14％。就提供員工在職休假的公司而言，有 46％會要求他們的員工必須在休假期間去進修，而且進修項目必須和目前的公司或是工作相關，而有 43％的公司對於在職休假的員工沒有任何的要求[1]。除了這些公司以外，《財星》雜誌（*Fortune*）2016 年全球最佳雇主 100 強當中，有 19％提供員工在職休假的福利[2]。

　　從這些數據來看，即使在現代職場對於在職休假的需求日益增高的情況下，很遺憾地，願意提供較長的在職休假福利的雇主數目，卻是下降的。即使我們的公司不提供正式的延長休假福利，身在這些公司的個人，仍然可以自己作主，確保自己能夠獲得必要的成長與更新。這就是為什麼不管你的時間條件為何，都要學習如何暫停，這一點是很重要的。

　　在我那三個月的延長休假期間，除了把時間花在與自己的內在相處，以及找出職業生涯的下一步之外，我不想做任何其他事。我嚮往到新大陸旅行；也許我會前往遙遠的地方，或是去拜訪老朋友。我想要有說走就走、四處遨遊的自由。但是仔細把這些選項都想過之後，我明白，我需要的是讓自己沉潛，這比什麼都重要。我沒有打算規畫一個需要大量行前準備工作的旅行。我害怕做任何規畫，包括決定早上我是不是該起床回去工作。我身心俱疲的情況實在太嚴重了，除了人出現之外，已經沒有辦法再多做什麼。

　　那時候我還不明瞭，暫停的力量就在於你有能力把你的感受

表達出來。有時候，把你的感受表露出來，正是你能夠做的最棒的事。信誓旦旦地說，你想要做某種改變，或是你想要轉變你的行為，並不是一件容易的事。我們受大腦邊緣系統所駕御，而這有時候亦被稱作是「哺乳類動物的大腦」，它的工作不僅在於產生我們的基本需求，它同時也產生情緒，並且持續在評估這兩者的狀態③。我們的大腦邊緣系統想讓我們保持安全，並且擺脫危害。改變通常意謂著做一些不熟悉的事情，這會帶來焦慮和慣性的抵抗。大腦邊緣系統的警鈴可能開始大作，警告你不要進入未知的狀態。你要知道並且預期你的大腦會產生這種類型的阻力。畢竟，這就是你的祖先如何倖存，而你又如何被繁衍下來的原因。

　　就像我們在第 3 章已經討論過的，在進入暫停之前，你並不需要弄清楚所有的細節。不要做任何規畫，這樣才能讓你的出走之旅充滿冒險、療癒，以及神奇的特性。如果你給自己時間去思考或擺脫以前的習慣時，你的大腦迴路可能會改變。也就是說，沒有硬性規定你要遵循任何既定的計畫、或是做出宏偉的規畫，或是要有任何的計畫。如果沒有宏偉的計畫就貿然暫停，外界看來，可能覺得這樣不太負責任；而且，普遍的看法可能認為，那個進入暫停狀態的人是一個懶鬼。實際上，不事先規畫才不會想得太多，因為想得太多，常常是許多人最初為何需要「脫身」，或是暫停一下的原因。事實上，當你處在過度連結或精神困頓的危機時，只是單純地存在於當下而不做任何的規畫，是你可以為

自己做的最有幫助的事情。

若雇主可以提供延長有薪假

　　要找到一家願意支持延長休假的公司已經很不容易了，要在那4%提供延長有薪假的任何一家公司工作，更是難上加難。如果你有幸在一家提供延長有薪假的公司上班，接下來我要告訴你如何善用這項福利。首先，在你請休長假時必須先考慮一些挑戰，包括決定如何運用你的時間、釐清這段期間有何資助、向別人傳達你的計畫，以及確保當你休假歸來之後，你的工作還在（假設你還想要保有這份工作）。

　　通常公司對於有薪假，都會設定休假的最長期限，而且一般會將規定正式條列在公司的福利政策中，須經主管許可方得請休。另外，通常你需要在公司工作數年（一般是五到十年），才有資格申請有薪假。

　　我建議你把暫停的時程做一下安排，最好把國定假日包括進來，這樣可以讓你的假期拉到最長。如果你剛好有機會，可以在其他城市或是國家遠距工作幾天，或是一個星期，而且你的老闆也同意的話，那就這麼做吧！知識經濟應該是靈活的，至少值得去問什麼是可能的。風景和工作環境的變化，以及潛在的冒險，都可以滿足你對新刺激的渴望，讓你得以創造新的體驗和神經通路。同時，大腦邊緣系統知道你正在為自己預留休假的時候（無

多數員工在休假後會回歸工作

如果公司願意提供員工有薪假期，員工休假之後重返工作崗位的誘因是什麼呢？當年我在 DoubleClick 工作時，曾經休假四星期到紐西蘭和澳洲旅行（當時公司提供年資五年以上的員工休假四週的福利津貼），公司提供的這項福利讓我喜出望外。我相當肯定公司願意讓員工休假充電的做法，因此我從沒想過離職不再回來上班。結果，大多數人都跟我一樣。

2015 年 12 月，我針對 235 位網際網路使用者進行調查，問到：「如果你留職停薪一段時間之後，你有多大的可能會回到原本的工作？」就像我一樣，58% 的受訪者當中，有 37% 表示一定會回到原來的工作，而 21% 回覆有可能回去。另外有 26% 的人回覆，即使公司提供這項休假福利，他們也完全不會動用；而 14% 的人則回覆他們不會重返原來的工作崗位。當我問到：「如果你目前的工作除了標準休假之外，還提供額外的無薪假，你會想請休多長的無薪假？」30% 的受訪者表示，即使工作單位提供無薪假，他們也完全不會請休；23% 的人會請休一個星期，而 18% 的人則會請休一個月[④]。這些數據告訴我們什麼？在我的小樣本調查結果中，那些想要出走的人（即使只是暫停一週），如果公司提供這樣的福利，就會自行決定要休假。調查顯示，大部分

的員工將回到原本的工作地點。員工可以用適合自己的方式
來休無薪假。公司可以把這個當作一項額外的津貼，為他們
贏得更快樂、更滿足的員工，而員工也知道公司信任他們在
休完無薪假之後會重返工作。

論你身在何處，都可以增加更多的暫停天數），它的焦慮就會放
鬆下來。如果公司政策允許的話，你甚至可以再多休一個星期的
假，讓此次的旅程得以延長。這是一個禮物，如果你可以領受的
話，就勇敢接受吧！

　　就我的例子來說，在 2004 年的那次暫停之旅，我先在紐西
蘭待了兩個星期之後，抵達雪梨。我在雪梨辦公室工作了四天，
收發電子郵件並處理一些重要計畫的後續事宜；然後我度過了正
規的一個星期的假期。我的休假時間從原本標準的四週，延長到
了六週，讓我的旅程從容許多。我到雪梨北邊的黃金海岸旅遊。
我在一間又一間的旅館短暫停留，一路來到聖靈群島的蔚藍水
域，這是我此行最美好和最難忘的亮點之一。

接受驚喜，適應新環境

　　把時間快轉回到我在 Google 的 2011 年。我當時還在工作，
已經開始琢磨我的計畫。我承諾自己要有一些小旅行，而其他

時間則都是開放、沒有任何規畫的。我不知道三個月後會否回到
Google，或是繼續我的暫停之旅。我只知道，我就從這三個月的
時間開始探索，我相信，自己會在某個時點明白未來該怎麼做。

小旅行1：到德州奧斯汀（Austin）拜訪弟弟德魯，在那
裡待一星期
小旅行2：到內華達山脈休養一陣子
小旅行3：參加「火人祭」

先介紹「火人祭」，這是一個在內華達州黑岩沙漠（Black
Rock Desert）舉辦的七日節慶活動。2016年，有超過7萬人為了
這項活動聚集在此。這是讓自己出走，刻意改變行為的大好機
會。那裡沒有電也沒有網路，大多數的人發現自己很快就脫離了
他們的舒適圈，因為這被描述為「在這個星球上最荒涼的地點之
一，進行一種激進的自力更生的實驗[5]。」還有什麼比這裡更好
的環境，可以讓我們暫停日常生活的一切？這裡遠離了我的舒適
圈，我需要刻意改變我的行為，來適應這個新的文化和環境。

直到我延長的出走假期過了一半，才決定要去參加火人祭。
內華達沙漠這個一年一度節慶舉行的時間，正值我三個月休假的
最後一週，而我39歲生日也將在同一週到來。每次我想到這件
事，都聳聳肩不置可否。畢竟，露營就露營，我為什麼要大費周
章跑去跟一堆人擠在一個炎熱、喧鬧又不舒適的環境露營？這會

有多大的不同呢？

　　我之前真的是大錯特錯！奔向火人祭，為我開啟了嶄新的機會，並且讓我知道「作為」（doing）以及「存有」（being）的不同方法，如果不是參加火人祭的話，我不可能有這些體悟。我這才了解，原來還有很多其他體驗生活的方式，但我以前甚至連考慮都沒考慮過。我遇到一些人，他們持續以有意義的方式影響著我的生活，成為我在暫停期間穿越的另一扇門。火人祭幫助我看見一項事實，那就是每個人都有一個具創造性、好奇、好玩的面向，有待挖掘與發展。在我離開這個沙漠很久以後，我都還一直保留這個觀點。

　　火人祭把我的出走之旅帶往新的層次。在結束一期六天的活動之後，我對於自己即將成為什麼樣的人變得更有知覺。遠離日常瑣事的紛擾，讓我變得更加清明透澈。包圍在我四周的，盡是鼓舞人心、超越生命的裝置藝術、即興音樂演唱會和 DJ，以及那些同樣活在當下、充滿存在感與生命力的人。

　　我在火人祭的經歷引領我朝向一個新的目標：當我和人互動時，我要用心、投入，並且與對方產生真正的連結。到一個新的目的地旅行，促使我不得不在日常生活中，落實活在當下的態度。火人祭影響了我整個求職的狀況。我在那裡學到了新的技能，以及如何調整與他人之間的相處與連結，這些影響我在之後為期十二週的求職過程。如果我在暫停期間堅守嚴格的行程表，我永遠都不會有這種讓人驚呼「啊哈！」的時刻。請讓自己保有

相同的靈活性，為自己展開新的體驗和機會。

時間管理與關注品質

　　有太多閒暇時間，有時是一種諷刺，因為突然多了很多空檔，很容易把人沖昏頭，反而導致完全失去做事或者進行規畫的功能。從原本有結構的生活型態，有固定的工作時間和常規，變成沒有結構的生活，不是一件容易的事。請記住，大多數的大腦喜愛也渴望結構和慣例，特別是如果這是你向來習慣的。

　　你的計畫會長什麼樣？不知道或不去規畫所有的細節，才能有意想不到的事情發生。請記住保持簡單。不管你的計畫是什麼，請確保你有保留一些可以關照自己的輕鬆時刻。關於這個，我的意思不是要你去做 SPA，或是去看電影或買衣服犒賞自己；我的意思是有進取的自我觀照。在第 10 章將針對這個部分有更多的介紹。

　　處在暫停階段，會讓你更懂得存在於當下的理想時機，因為你不必急著去處理下一件事，或是查驗清單上的項目。這是一個機會，讓你可以知道自己在當下的感覺，無論面對何種任務，都能與自己同在。如果問我在這三個月的休假學到了什麼，沒有別的，就是學到如何在任何特定時刻著眼於生活的「品質」，而不是關注做了「多少」事。這麼做有機會可以讓你避免敷衍了事，相反地，能夠用新的方式參與人、事、物，並產生連結。試著

和咖啡沖泡師的眼神接觸；打電話給一個好幾個月沒有講到話，但突然在腦中閃過的朋友；在街上行走的時候，給陌生人一個微笑。你看到什麼？體驗到什麼？把你的暫停之旅當作是你的遊樂場。

　　暫停的時候也是進行反思的好時機。在你的日誌或是暫停手札上，寫下你的感受以及你的經歷，這是咀嚼你的經歷並且記錄對你的要務的好方法。你可以把寫作視為一種整合新常規和行為規範的方法。透過這個過程，你可以品嘗和深化你的體驗。

　　寫日誌也是一種練習存在於當下的好方法（就像在第 3 章所討論的，日誌法也是你的動力啟動機）。《屬於這裡：給靈性敏感的你》（*Belonging Here: A Guide for the Spiritually Sensitive Person*）的作者茱蒂絲・布萊克斯東（Judith Blackstone）發明了一套名為「實現過程」（Realization Process）[6] 的系統，一步一步地引導讀者，學習如何更能存在於此時此地。這套系統能夠幫助大家，把個人先天身體方面的及靈性方面的天賦發揮到極致。布萊克斯東強調，我們每個人都可以用我們的靈性天賦作為入口，進入人際關係的深處和我們最深處的自我。當你進入這個境界，你和他人互動時，便更為投入也更有存在感。

　　我想起了 1971 年的經典著作《活在當下》（*Be Here Now, Remember*）的作者拉姆・達斯（Ram Dass）。在我延長的暫停期間，我並不知道拉姆・達斯是誰，但是他所寫的東西讓我明白，透過無時無刻與自己同在的練習，讓我漸漸懂得疼惜自我、善待

自己。我不會再去想是不是該去勾選下一個檢查項目，或是擔心別人是不是覺得我的工作表現良好。拉姆・達斯寫道：

> 活在當下就對了！思考一下你是不是真的活在當下，如果是的話，那麼（a）這樣就夠了，而且（b）你就會有最佳的能力和理解力，做出當時最恰當的事。如果你能領略這個原則，那麼，當「後來」（也就是未來）變成「現在」，你屆時就能處於理想狀態，而做出最恰當的事。如此一來，你就毋須浪費時間擔憂未來[7]。

　那麼，要怎麼轉變呢？就從有意識的呼吸開始吧！好好清查一下腦中的限制性信念，並且運用泰射思維的技巧。究竟是哪些既存的限制性信念和規則形塑了你目前的行為？你可以創造出什麼與之相反的新信念或是意圖呢？只要你愈常練習，你就愈能轉變。

察覺周遭的變化

　在我們停止或改變既定方向之前，是否常常對於周遭正在發生的事渾然不覺？透過一些設計，我們有機會在延長暫停狀態下找到一些新方法，讓我們對他人與自我保持好奇心。這是一個盤點你的動機、想法，以及你所做出的選擇的機會。你可以設定

意圖，目標是讓自己更能了解自己的感受，並加深你的情緒智能技巧，要達成這個目標，需要你有意識地付諸心力。為此，我們必須每天進行潔淨心靈和泰射思維。在延長暫停期間，你有較多的時間可以好好欣賞、關注自己在幾個星期或是更久的一段時間裡，如何行動、思考和感受。當你領受了延長暫停這份大禮，你就可以每天嘗試一點新東西，並把寫日誌融入日常儀式中，或者先把不斷行進的時間放在一邊，專注思考自己如何轉變並採取行動來實現這一點。

對我而言，進入暫停境界並且更能活在當下的好處之一，就是我更能感受身體的變化，並且更能覺察自己的情緒。一段延長的暫停假期讓我們有較多的時間，可以轉換成新的心態。即使只是在週末暫停一下，之後便回歸工作，對我們還是有好處的，但是如果你多花幾天、幾星期，或是幾個月的時間，讓自己浸淫在新的存在方式，情況會如何呢？有更多的時間意謂著養成新習慣的可能性提高，同時舊的習慣也會被淘汰。屏除慣常的刺激，去體驗新的事物可以創造新的神經連結，久而久之就會發展出新的想法和行為。在延長暫停的魔力裡，你會發現哪些你以前可能錯過的東西？

面對他人的質疑

在我規畫我的暫停計畫以及執行期間，最常聽到的問題就

是：「你打算要做什麼？」這個問題讓我抓狂。如果你打算暫停較長的一段時間，那麼如果你被問到類似的問題，請不要太驚訝。

「你接下來要做什麼？」

「完成之後，你有玩樂計畫嗎？」

「你為什麼要這麼做？」

「你還會回來工作嗎？」（我個人的最愛）

遇到這些情況，通常會出現一種尷尬的沉默。不管我是在一個雞尾酒會上和陌生人說話，或者是在跟我媽媽談話，情況都一樣。但是，我的反應會及時從「我也還不知道，我還要再看看」，轉變為誠懇認真地談論我真正想要傳遞的訊息，並且告知我確實還不知道，等在我前面的會是什麼事。最終，我的回答引起了較具參與性與變革性的對話，探討我要如何與切身相關的事物保持一致性，以及在我處於無為狀態的那段時間，必須要設法了悟哪些事。

你很可能會在進入暫停之前和暫停期間，遇到類似的問題，所以不要被嚇到，也不要躲避別人的好奇心。相反地，請卸下你的防禦心，選擇用成長心態來面對。你可以把這個當作是一份邀約，藉此分享你的經驗，你如何感受，你的渴望，以及你正在學習或是做哪些和之前不一樣的事。你可以選擇當一個高明的溝通者。你可以事先預做準備，在心中備有腹案，這樣可以讓自己在最低的壓力限度下，好好分享自己真正想傳達的觀點。我建議你事先擬好一些標準答案，這樣可以讓自己回答問題時比較從容，

也可以維持你的誠信。這些標準答案可能包括承認你對某些問題還沒有答案，或者你也還沒有釐清下一步該怎麼做。如果你正在「探究」或是「探索」某種想法，你可以跟大家分享最新進度，也可以談一點自己的經驗。每當你必須分享你的故事時，你可能會感覺到有一波恐懼或是焦慮襲來，但請真誠分享自然發生在你身上的事。請你相信，真實表達自己，可以讓你更接近內在的和諧。

走出舒適圈

從企業銷售主管到以新條款重新規畫人生

肯尼‧奧特門（KenAltmann）

2009 年，肯尼‧奧特門是雅虎公司一位成功的銷售經理。有一天晚上，肯尼和他的未婚妻希拉蕊還有另一對夫妻在下班後，一起出去喝一些啤酒。這四個好朋友坐下來開始分享彼此的近況。在對話進行的過程當中，他們觸及了一個迷人的話題：如果他們四個人都馬上把工作辭掉，並且去環遊世界會怎麼樣？會發生什麼事？他們會獲得什麼樣的經驗？他們陶醉於如此戲劇性的轉變將帶來的奇蹟與可能。

預算：每人 3.5 萬美元（肯尼和希拉蕊）

期間：一年

目標：環遊世界；像當地人一樣生活；去探索美國企業以外的生活

觸發關鍵：種子已然在心中種下，肯尼愈去想它，愈覺得只要做一些規畫跟存一些錢，他就可以讓此事成真。幾個星期之後，肯尼的那對夫妻友人發現已經懷了雙胞胎，所以退出這項計畫，但是希拉蕊還是很感興趣，接下來此事會不會成真，全看肯尼的決定。他更加仔細考慮這個想法。

肯尼在他整個職場生涯裡，從來沒有一次休超過一星期的假。他有一股不可以休長假的壓力：這完全是一種新創者心態，而這已經成為年輕人認真看待他們的事業的一項準則。肯尼在建立自己的事業的過程中，嘗試過不同類型的創業，後來在銷售業務中晉升至一個很好的位置，而在這個銷售經理的職務上，他也沒有把他的假全部休完。但是，這一次，他想要一次休三百六十五天的假。

希拉蕊當時則是一位企業諮詢顧問，她知道如果他們真的要認真考慮去旅行，需要再加把勁，同時也要開始進行規畫以及儲蓄，而且是愈快愈好。他們倆個有著相同的旅行目標：像當地人一樣，旅行和經歷世界各地的生活。為了試試看這個想法的可行性，肯尼和希拉蕊先去澳洲兩個星期。他們倆個當時都還在工作，其實早就該休息了。肯尼珍惜這次

遠行的機會，因為他知道每一刻都很珍貴；同時，他開始撰寫自己接下來的腳本，他並不想就此結束。

短暫的澳洲之旅幫助他們決定採取下一個步驟：離開他們的工作崗位，到世界各地旅行很長一段時間。希拉蕊和肯尼打算休假一年，到世界各地旅行，遠離「你爭我奪」的生活。他們花了六個月規畫婚禮，而且各自在六個月前通知他們的工作單位，他們打算休假。還有什麼比長達一年的蜜月旅行更好呢？

計畫：既然他們已經訂婚，而且也有了初步的時間表，下一個步驟便至關重要：那就是釐清從哪裡開始，以及要到哪裡旅行。有一天晚上，他們在牆上張貼了一張世界地圖，一一檢視所有的可能性。每個地點都是可能的選項。他們為此設計了一項遊戲，每人有三根圖釘，可以釘到地圖上任何一個他們優先想去的地方。同時他們倆人也各有三張否決票，可以用來移除地圖上的圖釘。

他們的策略很簡單，就是不要過度規畫。他們的目標永遠是不管走到哪裡，都要像當地人一樣生活。肯尼和希拉蕊通常在一個城市或一個洲預訂下一個目的地的機票時，心裡也不知道抵達下一站之後要做什麼。為了省錢，也為了符合「過得像當地人一樣」的目標，他們盡可能使用背包客旅棧以及火車。有一次，在印度當地特有的一種火車上，肯尼

在金屬的鋸齒狀邊緣撕開他的短褲，讓褲子看起來像是破破爛爛的布而不是短褲。有個陌生人對著他的打扮微笑，並說道：「歡迎來到印度！」這個和善的陌生人邀請他們到他的酒莊，他們接受了邀請，去體驗一下如果不是遇此機緣將無法體驗的當地生活。不管他們走到哪裡，他們都會把握類似的機會，只要有可能，就盡量順其自然。

隨著肯尼和希拉蕊繼續到處旅遊，他們為旅程奠定了一個有節奏的潮起潮落。不確定性成為家常便飯，以至於一段時間之後，他們便不再擔憂此事。事實上，不僅如此，他們更能反過來擁抱不確定性，隨遇而安。面對不確定性不再是一種恐懼，反而是一種他們喜迎的自由，這已經成為他們兩個新的生活方式。

影響：那一年的暫停假期，或者是肯尼和希拉蕊所暱稱的「那趟旅行」，永遠改變了他們的生活價值和觀點。最明顯的證據就是，他們在造訪非洲之後，決定收養一個男嬰。他們在那裡度過了一個月之後，便愛上了這個世界的那個角落以及那裡的人。

他們決定再度去找工作，充實自己的銀行帳戶，而且他們知道，如果想要進入領養程序，就業是強制性的規定，因為這兼顧儲蓄和工作保障。肯尼回到網路行銷工作，而希拉蕊則在企業諮詢領域找到一份新工作。他們不認為自己想

回到美國企業，而是在這裡擔任類似於以前的職位。即使他們從事的工作性質沒有改變，但是他們的做法與心態已經跟以前不一樣了。他們知道，努力工作是為了維持這種令他們感到心滿意足的生活方式。同時，兩人必須努力工作才有辦法養育一個期盼很快就會到來的嬰兒。他們開始進入領養程序，令人雀躍的是，肯尼和希拉蕊與來自烏干達的一個男孩配對成功。旅行歸來後，他們都覺得，對於為人父母他們已經有了較足夠的準備。

練習從日常中出走

旅行時盡可能融入當地

　　這是體驗不同文化的最佳方式，同時也可以讓你獲得全新的視野，而這將影響你如何度過未來的人生。如果你在旅行的時候，可以假裝自己沒有錢，或者沒有太多錢，抱持這樣的心態甚至更好，因為如此一來，你可能必須依賴他人到達你想到的地方，或者依賴他人學習當地的風土民情。

世界上最幸福的人往往不是那些最富有的人，而是那些有強烈社群意識的人

　　有一次肯尼和希拉蕊開車去非洲郊外的野生動物園，他

們在當天晚上要落腳的小鎮停了下來。鎮上到處都是泥屋，而且那裡沒有水也沒有電。他們發現整個村莊的居民都聚集到一間棚屋裡，在星期五晚上的儀式上跳舞和唱歌。他們受到熱烈的歡迎。「這就是快樂！」肯尼深情回憶。

生活是一種選擇，由你來扣動扳機

生活充滿了讓人惶恐的決定。如果你願意冒更大的風險，或者走出你的舒適區，可能會為你帶來未曾想像的結果。任何人都可以去旅行，或為他或她的生活做一點改變。它有時需要相信過程本身，並且放手不去掌控。肯尼說：「我的勇氣沒有比其他人多，但是我確實做了一個決定，一個跳脫傳統的決定。」即使你的預算接近於零，如果你能將需求保持在最低限度，總會找出去旅行的方法。

練習聆聽內在聲音

在你的日誌或是暫停手札上回答下列問題，請使用現在時態，如同你已經進入延長暫停的休假狀態。

◆ 設想你心目中理想的延長暫停假期，並且描述你的經驗。

◆ 你覺得怎麼樣？

◆ 你如何運用你的時間，在什麼時間做什麼事？

◆ 在這段期間，你有什麼意圖？你打算轉變些什麼？

9
出走，為自己創造更大價值

他……不再能夠駐足讚嘆並因敬仰而流連，就如同死人一般；他的眼睛是闔上的。

—— 科學家　亞伯特·愛因斯坦（Albert Einstein）

最佳的學習方式，就是像遊樂場上的孩子一樣，盡力投入遊戲之中。出走的暫停狀態可以說是另一種形式的遊樂場，這無關期間有多長或是有多短，是數位的或是類比的，也不管你對它的環境有多熟悉或是多陌生。你可以隨意試驗、測試自己的能力，你可以把握機會，走出自己的舒適圈，盡情享受過程中的樂趣。遊戲的本質不正是如此嗎？這一章我們要談的是，如何創造一個為你增加價值的暫停樂園，你會看到無論在何種情況下，讓自己進入出走狀態，都是一種對自我的投資。以下我們將介紹其他方式，你可以考慮放進你的暫停樂園中。

有一種不太理想的狀況，就是在出走期間沒有收入，譬如說被裁員，或是長期請休育嬰假。其他的狀況可能包括轉換工作中間的過渡期，或者是針對某件事正採行一種新的思維模式。在

所有這些情況下，即使沒有實質上的薪水，也不意謂著你在暫停時刻沒有投資自己。處在出走狀態的你，仍然可以比較自己如何「感受」，以及與實際上「做」了什麼。一旦你釐清如何引導自己在暫停期間的目標，並且著眼於注意力和意圖的品質，你會變得更能活在當下，隨之而來的是，你的幸福程度可能產生巨大的變化。

衡量暫停的回報

當你刻意讓自己出走，你會得到一種與金錢截然不同的回報，那是一種情感上的幸福回報。讓自己暫停，就好像替自己的靈魂開出一張支票，你支付給自己的是非貨幣的價值，像是體悟人生必修課、寶貴時光、真知灼見，同時讓自己與自我的連結更為緊密；而在更加認識自己的基礎上，你便可以過更有意義的生活。這在本質上不就是一種回報嗎？

另一種思考暫停時刻如何為我們帶來情感收益的方法，就是從暫停是為了選擇不同的人生或職業道路的角度來看。這些類型的暫停一般是屬於非經濟補償的暫停類別，包括：

◆ 自願離職。

◆ 非自願離職。我把它歸入這個類別，是因為即使你得到了遣散費，也只能部分資助你在出走期間的開銷，或者你會

考慮把它當作可支配所得，並選擇把它放在你這段期間的
預算上。

◆ 追求新的事業。這可能是同一領域的新工作，新領域的工
作，或是自行創業。

◆ 回到學校去完成或開始學位。

◆ 經歷重大的生活變化。這可能是開始組成一個家庭、請育
嬰假、重返職場、改變一段關係，或者是搬遷（就地理而
言或任何其他形式的搬遷）。

◆ 應對自己或身邊所愛的人的健康變化（視你就業的環境而
定，請假期間可能有薪，也可能無薪）。

　　不管你是因為什麼原因而必須暫停，你將發現自己可以趁此
機會休息一下，你自己就是那個掌握力量的「造雨人」。如果你
跟大多數的人一樣，在休假期間沒有薪資報酬，請不要擔心。只
要稍微規畫，你就可以邁向有目標的暫停之路。你可能打算重新
投入勞動行列，但請確保你允許自己先按下人生暫停鍵。你終將
可以重新按下人生播放鍵，然後開始關注其他事情，例如賺取收
入或開始求職。同時，你要知道，透過這次出走，你可以把障礙
化為轉機。暫停狀態是你的樂園，你可以按照自己的遊戲規則來
運作，你可以盡情投入，可以追隨自己的渴望而行。

當自己的「造雨人」

　　如果我們把出走時刻當作是一種給付自己酬勞的方式呢？大多數的人認為，獲得報酬，就是從雇主那裡得到一份薪水。現在，讓我們重新解構這個想法。進入暫停狀態是你的一項精神投資，你可以藉此讓自己充電，並且活化你的生計。這段出走的期間可能有薪水（最好是這樣）或者沒有薪水，不管如何，這都是關乎你將成為什麼樣的人的一種投資。不管出走期間長或短，你資助的是一項更重要的奮鬥。你藉此和自我連結，並且允許自己傾聽內在的聲音。讓自己從日常活動中暫停，讓你得以脫離你的標準程序，專心觀照自我。你要知道，自己開出的是一張用其他方式支付的支票，也就是說你開給自己一張挹注靈魂收益的支票。讓自己出走，其實是讓自己獲得時間、空間、與孤獨自處以及關注內在的機會。我們會需要來自雇主的實質薪水，而我並不是要把這種需求打折扣（我刻意語帶雙關）。當你在評估可能的選項時，記住以下這一點非常重要：僅僅因為你在休假的時候沒有從雇主那裡領到薪水，甚至沒有從任何地方領到酬勞，都不意謂著你沒有投資自我。

被迫暫停

　　遭到裁員似乎是一個巨大的打擊，因為那意謂著你並沒有達標，公司已經不再需要你提供的服務，而可能的原因都是你無法

控制的，例如預算削減、員額縮編或業務策略有所改變。沒有人願意再經歷一次更新履歷以便求職，或是無止盡地動用各種關係謀求新工作的歷程。沒有薪水過活或者經歷一段失業的生活，對許多人來說是可怕的想法，我也不例外。然而，這可能是一個開眼界的機會，讓你可以找到更適合你的東西，或是讓你有機會接受新的挑戰。或許你一時很難吸收突如其來的意外消息，但是被裁員也許是你遇到最好的事情，因為你有機會重新開始。你可以探索新的角色，或尋找新的工作。你被解放了，終於可以自由轉換你的事業，或者反思你真正想做的事情。也許，它會給你一些時間陪伴你的家人和所愛的人。你可能會發現，它為你帶來意想不到的好處。事後看來，你可能會發現，只有經歷裁員風波，你才能獲得這些好處。

雖然離職帶給你短暫的痛苦，但是離職後的暫停狀態卻可以

賈伯斯也曾被解僱

蘋果公司的創辦人暨前執行長史蒂夫・賈伯斯（Steve Jobs）對於自己被辭退的經歷，曾做過一番正面的總結：「我當時並沒有看出來，但後來事實證明，從蘋果公司被解僱是我所能遇到最好的事情。雖然前途未卜，但是成功的沉重感被再次成為新創者的輕鬆感所取代。它讓我得以自由進入我的人生中最具創意的時期[1]。」

使你受益。「被迫暫停」讓你更能專注著眼於從自己來思考下一步。

轉職前的準備工作

在你開始下一份工作之前，如果可能的話，我建議你空出幾個星期的時間，讓自己出走一段時間。然而，並不是每個人都可以這麼奢侈。先不管未來的工作前景，如果你現在就是需要暫停呢？在開始新工作之前，要求你想要的，例如額外的幾天或一週（或幾週）。你的態度要堅定，並且事前規畫，看看什麼方式對你可以行得通。如果你的新東家真的想要你，理想上來講，要求幾天、甚至一個星期，應該不會太困難。如果這是不可能的，那就事先協商爭取更多的休假天數。藉著這段時光打造一個空間，讓自己在此打定主意，知道在開啟下一段探險時，該要如何做，並且藉此為自己的電池蓄滿電。

打造有效的轉換

你知道流暢而毫不費力地從一件事轉換到另一件事，有多重要嗎？請想像，你正從一場會議、一堂課，或是一個活動趕往下一個，而這之間只有很短的時間可以運用，但是你希望抵達下個目的地時，在心理上和情緒上都已做好準備。你期待自己立刻就準備就緒，而不需要時間先安頓一下嗎？你當然需要有一段時間

來做轉換。

　　把銜接兩份工作之間的空檔，視為過渡轉換的機會。我們每天都會經歷無數的轉換：從 A 地移動到 B 地；從工作時間轉換到用餐時間；或者是從醒來到刷牙。

　　你如何讓轉換過程順利進行？對於周遭發生的事情提高警覺。注意自己的感受為何。有意識地關注自己的心態。把熟悉的東西整合進來，可以讓任何的轉換變得更容易。對於時間的運用要設定界限，包括找一個可以信賴的朋友，分享你的感受。加入一些可以幫助你把時間的運用結構化的儀式，以及一些你能享受其中的儀式。刻意關注自己的行為、表達，以及如何呈現自我的方式。所有這些都能為你帶來較為順利的轉換過程。

　　轉換過程可能有兩種發展：它們有可能好好規畫，所以事情順利進行，而且盡可能簡單；它們也有可能是不穩定的、貿然的，而且普遍缺乏意識與知覺。如果事情可以順利進行，無論是進入過渡時期或是進入暫停期間，都能讓你有時間行動、反思，並且為了前往下一個目的地而做準備。

進修

　　學習新東西是暫停的好方法。許多人因為一些原因而決定重返學校：可能為了完成學位、學習新學門，或者是花部分時間進修。如果這是你選擇做的事，就意謂著你的心處於一種修行的狀

態，或者是佛教禪宗所謂的「初心」（beginner's mind）；亦即，你能直觀地接納那些可以幫助你，以不同的方式看待事物的新想法、概念和觀點。你需要的只是一點好奇心加上成長心態。

這需要一點覺醒和規畫；只要花一點力氣，你就可以在返回學校的同時，打造自己的出走樂園。回到學校讓你有機會可以從新的角度來看待生活，就好像休育嬰假或家務假，或是進行科技安息日暫停那樣。你可以建立每天暫停一下的習慣，或每週在上課前進行一次，或是每堂課之後進行。

你是不是想要重返校園，而且你有預感自己會對某些特定的課程感興趣，像是學習一種新語言，或是如何捏陶？你可以選擇一個班級、課程或學校，抱持一種成長心態。也許它是在一個鄰近的城鎮，甚至在世界的不同角落。它可能為你帶來喜悅，也可能讓你陷入掙扎。註冊一門你感興趣的課程，這樣可以幫助你與自我的本質保持一致，而且可以滿足你的渴望，讓你得以學習、連結，或者有所作為。

不離職也可以隨時出走

如果你沒有時間、金錢或其他資源讓自己出走，請不要擔心。你隨時都可以暫停的！最好的方法就是讓自己抽離日常的環境，讓自己簡單的放空。就像我們之前討論過的，去上課或學習一種新的技能都可以。開始維持一種新的運動習慣；款待早該敘

舊的朋友；或是準備一頓豐盛的晚宴。所有這些都算是讓自己暫停。請記住，所謂的暫停，就是你刻意為自己的日常例行所做的任何改變，引進新的東西，讓自己在思考或是進行任何事情時，有不同的角度。你為自己保留的時間，就是暫停！

放鬆才能專注

作家大衛‧艾倫（David Allen）在他的暢銷書《搞定！》（*Getting Things Done*）中，說道：「你產生力量的能力與你放鬆的能力成正比[②]。」想想看自己處於最佳狀態的時候：此時你不是處於狂亂、激動的狀態；你可能覺得興奮，但最棒的是，你覺得清醒、放鬆、專注。艾倫告訴我們，這種在放鬆中保持警覺的狀態，是讓我們的表現達到極致的秘訣。我把暫停視為一種機會，可以促使你達到放緩腳步的狀態，讓你改變行為，或是可以讓你把所屬環境變得更讓人放鬆。我把這種方式稱為「低速檔暫停」。

艾倫分享了「心靜如水」的比喻：空手道中所謂的「完美待命」狀態，就是指心靈保持與靜止不動的水一般的特質，亦即心如止水。暫停能夠帶你進入這樣的狀態。

放慢腳步讓心專注，便進入一種暫停狀態。你正在減速，調節自己的心理、生理以及情緒狀態，讓自己的心靈達到平靜與澄淨。你會變得更容易專注。進入低速檔暫停，可以讓你達到這種「沒有摩擦力的狀態」，除了有意識地努力讓自己放鬆和專注之外，不需要任何其他的東西。運動也是如此。艾倫繼續援引世界

級的划船選手克雷格‧蘭伯特（Craig Lambert）在划船時，達到這種「沒有摩擦力的狀態」當時的感受如何，這項分享正中我心。蘭伯特在他的《渡水之心》（*Mind Over Water*）一書中，振振有詞地將這種無摩擦力狀態描述為「盪鞦韆」：「回想一下坐在後院鞦韆上的純粹樂趣：一個簡單的運動循環，動能來自鞦韆本身。是鞦韆帶著我們，不是我們在盪鞦韆。我們驅動雙腿想讓我們的鞦韆盪得更高，但其實發揮作用的是重力。我們在盪鞦韆的時候，被動的成分居多；同樣的，是船讓你搖擺[3]。」

當你放慢你的速度、思考與節奏時，你在船上的移動方式也正在改變；你正在減速。真實的人生也是如此。當你在做其他事情的時候放鬆和專注，也有同樣的效果。你正在處理瑣事嗎？花1分鐘時間專注於你的呼吸。你正在準備一項簡報嗎？花個5分鐘，做一下低速檔暫停；你可以站起來，走動一下，做一點可以讓自己心情愉悅的事，或是可以滿足你的渴望的事。關鍵是在做一件事的時候，有意識地選擇暫停一下。不管你是在做什麼事，你都可以在活動進行當中，依然保有一種平靜的感覺。

運動也是一種休息

如我們所知，「暫停」從字面上來看，可以指任何行為上的改變。體現的方法之一，就是透過身體的運動與表達，而這也有助於我們更能存在於當下，並且更有覺察。跳舞和健身班提供很好的暫停方式。以我的例子而言，我想要更加接近我的女性

自我，我對一種女性舞蹈課感到很好奇，因為一些女性朋友總是跟我說個不停。這個舞蹈課叫作 S Factor，是席拉・凱莉（Sheila Kelly）所創立的（http://sfactor.com）。在體驗有趣且讓人覺得受到激勵的預告課程之後，我報名參加為期超過六週的初級課程。在接下來的一個半月，我把每個星期六的上午，用來學習如何透過運動和舞蹈，表達自己女性的一面。我正在喚醒自己的女性力量，並與自己的感官、身體和動作保持聯繫。我把這個課程視為另一種形式的暫停，那是我專注於進一步了解我的女性特質的時

S Factor

刻，我在此中與自己產生更緊密的連結，而且更懂得如何善用自己的女性天賦。任何形式的舞蹈、身體的律動，或是健身課程，你都可以把它當作是量身打造自己暫停模式的實驗室。

職涯暫停不是減分

從媒體行家到獨立諮詢顧問及作者

喬・庫徹拉（Joe Kutchera）

那股被解僱的難聞氣息讓人無所遁逃！然而，喬・庫徹拉給他兩次職涯暫停的評價，卻認為暫停為他的人生開啟

新頁，讓他得以擁抱好奇心，以及對於寫作、行銷、講西班牙語和拉丁美洲文化的熱情。這兩次暫停促使喬向內觀照自我，因而戰勝恐懼，而且在幾經反思之後，產生新的自我認同以及職涯抱負。

　　預算：不明（無法追溯）

　　期間：各為十六個月和二十四個月

　　目標：評估下一步以及職涯方向

第一次暫停的觸發關鍵

　　2009 年 6 月，時值嚴重的金融危機，喬突然被 ContextWeb 裁員，那是一家數位廣告交換平台公司，總部設在紐約市。面對被裁員，他心裡沒有任何的備案，於是那年夏天他的心情有如乘坐雲霄飛車：有些日子很令人振奮，因為他可以自由地追求他的夢想；而其他日子則因為沒有穩定的工作或缺乏愛情，而充滿了焦慮、不確定和羞愧。失眠問題隨之而來。

　　計畫 1：兩年前當喬在墨西哥工作時，他便開始替每日商情出版物撰寫有關數位媒體和行銷的文章。利用先前的經驗，他開始供稿給 MediaPost（一個集合媒體、行銷和廣告的網站，擁有較多的閱聽眾），他主要撰寫一個新的專業領域：美國拉丁裔市場行銷。2009 年，喬出席西南偏南（South by Southwest, SXSW）研討會，參加名為「如何撰寫一本自己的書」的場次，當場受到鼓舞，覺得應該以自己的專欄為基礎，把那些文章交織成一本書。他默默地為自己立定一個目標：在接下來的五年內，要寫出一本書。

當時為了節省開銷，喬睡在芝加哥友人的沙發上。他簽了一份出書合約，並且在接下來的一年，著手撰寫《拉丁鏈結》（*Latino Link*）的草稿。與此同時，金融危機過後的就業市場值得去試一下身手，找一份有薪資報酬的工作。但是，一次又一次，應徵或是面試的結果，要不被拒絕，不然就是石沉大海。喬並不是唯一一個擁有 MBA 學位，具雙語能力，而且帶有迷人笑容的人。他一方面感到挫敗，但另方面求職被拒也意謂著他可以繼續寫他的書，並且透過他的產業專文建立他個人的品牌。

喬從來就沒有打算暫停。他的時間大約有 70% 花在寫作上，而另外的 30% 則用來找新工作。他把這個稱為個人專屬的「混合式暫停」。從情感層面來說，最艱難的部分可能在於領取失業救濟金，折損了他的自信心，尤其作為一個 A 型性格、積極進取、目標導向的人，喬很難接受自己有一段時間賺不了錢。

在《拉丁鏈結》於 2010 年秋天問世之前，喬規畫了一趟新書巡迴發表會，他在全美各地的研討會、公司行號以及大

學演講。福斯新聞網拉丁頻道（Fox News Latino）以及《哈芬登郵報》（Huffington Post）都邀請喬替網站撰寫文章，如此一來更進一步奠定了喬的媒體專家地位。

喬的新書巡迴之旅遇到 Acento 廣告公司的 CEO 羅伯托‧奧契（Roberto Orci）。他邀請喬在 2011 年 12 月，到廣告公司主辦數位行銷工作坊，這個會議後來演變成到洛杉磯分部擔任數位媒體總監的全職工作機會。喬用嚴寒的芝加哥換得了充滿陽光和棕櫚樹的南加州，這樣的交易是不是無可挑剔？

第二次暫停的觸發關鍵

喬的這個職位剛開始一切都很好，但是當部門失去一些客戶之後，就開始裁撤部分職位，包括喬的。喬後來被 Acento 回聘為承包顧問，而 Acento 則成為他轉換職業跑道，以「諮詢顧問」為業之後的第一個客戶。

計畫 2：這一次，喬的感覺比較正向。他一邊找工作，同時繼續寫作供稿給福斯新聞網拉丁頻道和《哈芬登郵報》。幾位他之前在拉丁市場行銷的同事建議他，幫《拉丁鏈結》撰寫西班牙語版，這樣可以進一步凸顯他的專長。喬接受了他們的建議，於是他前往墨西哥的瓜達拉哈拉市（Guadalajara）參加西班牙語出版市場最大的書展。

經過幾次午餐和議價之後，隸屬於 Hachetta 圖書集團旗

下的 Editorial Patria 出版社，與喬和另外兩位合著者簽約撰寫《你的數位行銷策略：五大步驟》（*Your Digital Marketing Strategy in 5 Steps*）。喬並沒有停下手邊的事來專心撰寫他的第二本書，而是讓寫作和諮詢工作兩者並行。藉著一邊工作一邊寫作，喬剛好可以善用客戶的問題，作為書中的案例研究，其真實案例為讀者（包括專業人士以及潛在的未來客戶）提供了實用、有效的建議。

影響：在 2013 年 12 月，也就是喬當了兩年的自由工作者之後，他成立了拉丁鏈結顧問公司（Latino Link Advisors），一個鎖定美國拉丁裔市場、墨西哥和拉丁美洲的數位行銷策略公司。雖然喬本來是打算去找一份新工作，但是他後來意識到，從長遠來看，與其重新投入一份新工作並且冒著可能再度被裁員的風險，建立自己的公司和個人品牌，是比較明智的作法。

練習從日常中出走

清查自己所擁有的，並且心存感激

改變心態，讓自己積極實踐對於你所做的和所擁有的許多事情，表達感激之情。隨著新的機會朝你而來，你可能會發現自己感到更加滿足。安排時間來反思和記錄你的目標和成就。

讓自己進入真正的出走狀態

請停止讓自己像隻倉鼠一樣，在那個讓人上癮、習以為常的轉輪上，不斷地跑著。相反地，請讓自己休息、靜觀練習、做瑜伽、打高爾夫球、作白日夢、重新和朋友及家人聯繫，或是嘗試一些新東西。你的機會就在眼前！反思一下過去、現在和未來。喬發現，靜觀練習讓他有時間注意到自己內在的對話、合理的想法、夢想和欲望，以及內心的惡魔，同時也給了他一個與自己的這些內在狀態和平共處的機會。

為自己準備一本出走日誌

進入暫停狀態讓你有餘裕可以進行反思。在你過去的身分裡，有哪些職位、任務和人是你所欣賞（或不欣賞）的？

為什麼？利用日誌來反思那些忙碌的時光，然後推敲哪些事情可以激勵你。你可以造訪 Passion Planner 的網站，有很棒的日曆和日誌的規畫工具，可以幫助你規畫你的目標和夢想。誠如這個網站的創辦人所言：「『熱情規畫者』（Passion Planner）幫助人們將他們的長期和短期目標，拆解為更多可行的步驟，並且提供人們一個可以協助他們把這些步驟融入日常生活的地方。」

打造你的
個人日誌

將熱情投注到社會公益上

你熱衷什麼？你的社區有哪些問題需要解決？誰沒有被照顧到？幫助他們可以讓你滿足什麼渴望？如果你熱愛動物，你可以在當地的動物收容所當志工，進行一些串聯並且有所作為嗎？如果你想在你的社區發揮更大的影響力，你願意加入大哥大姐（Big Brothers Big Sisters）志工行列嗎？探索一些想法，並選擇一個適合你的。規畫，然後付諸行動。

認清重要的關係和盟友

在我們經歷人生的艱難時刻時，我們會發現（或重新發現）誰是真正的朋友。誰會在那裡守護你？你可以信任誰？這些人能夠與你產生共鳴和激盪，在人生的轉折中，可以為你提供必要的觀點。或許，他們可以為你介紹潛在的雇主或是客戶；或者，他們可以單純當個聽眾，幫助你探索什麼路徑值得你追求。

為自己找一位導師

你是否發現長輩以及（或是）更睿智的專家的觀點對你有所幫助？想想看，誰能幫助你看透癥結，並協助你思考下一步該做什麼。你的導師可能是以前的老闆、家庭的成員，或是你所屬的專業組織的成員。請記住，你和導師之間的關

係並非全是單向的，你也需要貢獻價值，並表達你對他的欣賞與感激。導師可以協助你為一項全新的事物，比如創辦公司或轉換職涯跑道，規畫一套進程。

參加一個策畫群組

　　所謂策畫群組並不是什麼班、輔導小組，或是一個網絡連結的群體；而是提供一個平台，針對共同的目標進行腦力激盪，並且提供群組成員之間相互問責與支持的機會。除了提供指導，策劃群組還可以傳授關於如何創業的必要見解。拿破崙・希爾（Napoleon Hill）在他的《思考致富》（*Think and Grow Rich*）一書中，介紹了策畫群組的概念。他把策畫群組描述為：「本著和諧的精神，協調兩人或多人的知識和努力，這些人都致力於一個確切的目標。」你的夥伴可能包括和你一樣的求職者或是即將成為作家的人；透過知識和工具的分享，你們將幫助彼此成長，並且可以學得更快。

依照你的熱情所在設計出走計畫

　　有什麼是你很想去做，但卻經常想著：「哦，我沒有時間做那個。」利用暫停計畫去追求它吧！最終你可能會發現一種新的熱情所在，引領你的人生轉往一個全新的職涯跑道，也可能為你引介新的朋友圈，或者，單純地演變成一種新的嗜好。

練習聆聽內在聲音

◆ 本章介紹的哪一種暫停型態會引起你的共鳴？

◆ 想像你自己在暫停六個月之後的樣子。在暫停期間和暫停
結束後，你的生活會有什麼不同？你可以在什麼時候，和
誰分享你的計畫？

◆ 你花時間暫停的「報酬」或是好處為何？（例子包括心靈
的平靜、追求熱情的所在、滋養你的心靈，以及依循渴望
而行的熱情或夢想）

◆ 你有什麼創意的方式可以讓你不必離開工作，就能暫停一
下？

◆ 為了朝向你的暫停計畫邁進，接下來的實際行動是什麼？

10
出走計畫的成功關鍵

放諸腦後的過往或是將要面對的未來，如果和我們的內在
相提並論的話，都屬枝微末節之事。
—— 美國作家　亨利·史丹利·哈斯金斯（Henry S. Haskins）

要怎麼收穫，先怎麼栽。以下我將列出執行出走計畫時，
「最可行」與「最不可行」的事項，不管暫停的時間長短或資源
多寡都適用。你可以視自己的情況套用這些見解。

建立你自己的基本守則

當我們的生活具有結構規律的時候，我們會感到比較自在，
會覺得壓力比較小，也會覺得比較舒適。為了加強這一點，建立
一套守則是很好的方法。無規則可循可能導致嚴重破壞，因為它
毫無結構性可言。你可以藉著暫停，去更新或刪除任何管理你如
何運用時間的規則。

維持日常的關鍵行動

我的守則集中在維持一些日常例行的關鍵行動上。這要歸功於我的出走夥伴，同時也是我的干預之友凱薩琳，介紹這個概念給我。她建議我每天早上十點左右離開家門，「否則你會瘋了。」我一直守著這個忠告。當我過完第一週之後，沒有動念想要改變這些守則時，我便知道它們很好：

1. 起床後便整理好床鋪。
2. 早上十點前離開家門。
3. 每天淋浴一次（我其實需要這個規則來防止我自己偷懶）。
4. 一次上線時間最多 30 分鐘（電子郵件、網站、社交媒體）。
5. 每天花 1 小時的時間，在家以外的地方，學習我所選擇的活動。

前兩週是我從舊習慣轉變為新習慣的過渡期。規則化和結構化讓我覺得生活比較有組織：早上我會待在咖啡店，帶著著筆電，桌上放著雞蛋墨西哥捲餅。我為生活安排了例行的架構，當然我還是讓事情保持一點點混亂，這樣我才不會覺得一切都太過結構化了。我會漫步穿過中國城，或是到附近的博物館。其他時間我會去劇院或影城觀賞日間演出。遵循守則可以讓我對生活產生動機，讓我遵照自己的意圖，發掘自己的強項，讓我的心朝向真正想做的事，而且能夠放鬆。

照顧自己的情緒

我們已經知道建立守則很有用，但是如何照顧情緒的安適與否呢？這就是下面所列自我關愛技巧派上用場的地方[①]。我建議你每一項都試試看，然後看看你可以守住哪一項。

◆ **休息的時候，把自己裹在一條溫暖、舒適的毯子裡。** 你可以單獨這麼做，也可以和朋友或是伴侶一起做。想像一下，這是屬於你自己專用的成人襁褓毛毯，而當你把自己包裹在這條毯子裡，將會湧現穩妥與安全的感覺。

◆ **輕輕地前後搖擺。** 就像我們還是嬰兒一樣，搖晃對我們有著極大的安撫作用。你在搖擺的時候，可以把自己裹在毯子裡，也可以不包裹毯子。有一張搖椅或鞦韆是很理想的，但是如果沒有的話，也可以用任何你覺得舒服的姿勢坐在地板上，然後輕輕地左右搖擺。

◆ **領養一隻絨毛動物。** 你的「絨毛寶貝」會無條件地愛你，而你永遠都可以練習溫柔與仁慈地對待你的絨毛寶貝，你也可以用同樣的方式來對待自己，這是一種很好的練習。如果你覺得我大概是瘋了，你先試試看再說吧（我可能還是有點瘋狂！）在我學習如何照顧我的絨毛猴子艾莉的時候，我有整整一個月都隨身帶著她。她甚至跟著我去約會！他或是她，就是你內在的小孩；當他或她

變得具體的時候，你會開始注意到你是如何照顧自己，就像你在照顧你的絨毛動物一樣。我並不是說你必須帶著她一起約會，但是藉著絨毛動物來練習自我關愛，是一個簡便的好方法。

◆ **暫停 5 分鐘滋潤你的心靈。**泡一杯你喜愛的茶或咖啡；在客廳跳一隻舞；為自己買一盆美麗的植物或是花，告訴它你多麼讚賞它；打通電話給朋友，維繫一下感情；尋求一個擁抱或是給人一個擁抱。你可以做任何會讓自己感覺心靈受到滋潤的事情。

列出心靈補帖與道別的項目

什麼活動可以讓你由內而外感到舒心愉快？你喜歡哪些可以讓你的靈魂活起來的活動？以下是我的情況：

我的心靈大補帖：

◆ 下午三點是我的香草茶或冰茶時間

◆ 邀幾個朋友過來聚餐，一個月一次

◆ 與支持我的朋友分享我生活中發生的一切

◆ 煮一餐健康美味的飯菜後，觀看一部好電影

◆ 運動一下讓身體有好的感覺：健行、騎自行車、做瑜伽、

跳舞，或是任何可以讓身體活動的方式

◆ 寫作：當我想要分享或是進行反思的時候，我會寫日誌或
是部落格

請務必把上面條列的項目融入你的暫停計畫中。如果你的時
間有限，請選擇你最想試試看的一項或兩項。

接下來要列舉的是應該要告別的習慣，也就是那些會讓你覺
得有壓迫感、被榨乾，或是不太開心的習慣。以下是我的部分：

◆ 咬指甲

◆ 任何毫無節制的行為：看電視、吃東西、喝酒、購物等等

◆ 一天有超過 1 小時查看電子郵件或是流連社群媒體

你的清單會是什麼樣？把它們寫下來而且要定期檢查。把這
些事項條列下來，其實就是在為你的暫停計畫注入滋養心靈的習
慣，而且可以讓你更能覺察什麼才是重要的（以及什麼是你想要
避免的），以便讓時間的運用達到最高效率。

有意識調整自己的行為

常言道：積習難改！建立規則可以幫助你隨著時間改變你的
行為。有個有效的方法就是運用「意圖實施說明」法[②]。這是關

於你對實施的新想法和行為的一些聲明，理想的情況是這些後來會慢慢變成習慣。它們的存在不是作為懲罰；相反的，這是幫助你對自己負責任的方法。

就像鮑伯・萊特和茱蒂絲・萊特博士夫婦所指出的：「研究顯示，如果你套用『如果……那麼……』的公式，事先宣告你打算在何時，或是在什麼情況下要做什麼事，你就更有可能把你的意圖付諸行動[3]。」反過來說，你也可以針對如果違反規定的情況，訂下不遵守規定的後果。不要把這些當作是懲罰，其實是在幫助我們體認自己打算在人生中如何作為，並強化新的思維或是處世方式。這個方法可以幫助你實現你想要做的改變，並讓自己保持負責的態度。一旦你最後成功轉變自己的行為或戒掉舊的習慣，你就會知道這個方法是有效的。以下是一些幫助我不要偏離初衷的意圖實施聲明：

◆ 如果我沒有在上班之前鋪好床，那麼我在就寢之前要做十個伏地挺身。
◆ 如果（當）我醒來，那麼我會在離開屋子之前禱告及靜觀。
◆ 如果我去外面吃飯，那麼我會選擇最健康的菜單選項。
◆ 如果我注意到有一個渴望需要連結，那麼我會把它表達出來，並且滿足這項渴望（眼神接觸或打電話給朋友）。

告訴別人你的意圖清單以及「如果……那麼……」的聲明，

這也是另一種讓自己負責的方法。

找到目標

出走不是清理車庫或完成那個寫到一半的小說的藉口，也不是要去完成一些事情，而是視作關注內在自我的一部分，而所謂最有價值的暫停，就是有機會反思自己真正想要的東西。如果你能趁此機會，看看自己有什麼地方偏離基準，你將有辦法發現如何讓生活的一切更加一致。

當我暫別 Google 去休假時，我所需要的，就是去找出我在什麼地方偏離基準，直到我和瑪格麗特的上司，比爾談過之後，我才知道問題出在哪裡。他就事論事地告訴我：「瑞秋，你具備的技能和這個角色的需求不符合。我知道瑪格麗特對你用心良苦，你需要去找一份最適合你的專長的工作。」比爾只用了短短的兩個句子，就總結了我內心天人交戰的狀況，顯然別人都能一眼看穿，但那卻是我自己的盲點。如果我把這段對話用放大鏡來檢視，我應該會看到，我當時的處境並不是因為我「表現不佳」造成，可是瑪格麗特卻一而再，再而三的跟我強調。我認為，或許績效評估並不是檢視我的表現，而是我校準的能力。瑪格麗特跟我說，「我的優勢在那裡無法派上用場」，卻沒有像比爾那樣直截了當地告訴我。瑪格麗特純粹只是讓我有機會，去找一個與我的優勢一致的工作。我們何時有那樣的勇氣，去改變或尋求與自

身需求百分百相符的情況？如果我們和自己的內在不一致，很有可能是妥協了某部分，以取悅他人，或者「迎合所謂對的事」。我們從小就被教導妥協。然而，這種信念是錯誤的，因為它導致我們產生不尊重自己的傾向。

當我們與自己的內在達到一致，就表示由自身的目標所驅動。如果我們不明白這一點，可能很難知道什麼路徑或情況對我們而言是最好的。任何人都可以天天這樣問自己：「我今天感到內外和諧嗎？（或者再加上某種特定的情境，或甚至是和某人之間的關係）」你很快就會意識到什麼「可以」，或什麼「不可以」帶來最佳的利益。你也可以反思自己的核心價值，也就是你所秉持的原則，是否與你的處境一致。

當初我試圖檢視內在自我時，最有用的建議是來自 Google 的職訓教練貝姬（Becky）。她建議我花一天的時間去一個偏僻荒涼的海灘，坐在沙丘上，並寫下我出走回來想做的事。

她的建議很受用。如果你給自己時間進行反思，能夠想出一個為兩難解套的辦法？你不需要跑到沙丘，但是你隨時都可以盡量減少外界的干擾，並且深入傾聽自己的內在，一些想法就會自己蹦出來，而你甚至不知道這些想法的存在。不要規畫行程，或是忙著把生活填滿，每個星期至少問自己一次：「我應該對焦什麼？」這種開放性的思考可能會產生新的東西，並激盪出更多的想法。我聽從貝姬的建議，因而找到自己暫停的目的，並且找到關注內在自我的方法。

停止脫軌的人生

從過勞的婦產科醫師到全人健康願景專家及暢銷書作者
麗莎・藍金（Lissa Rankin, MD）

2006 年，麗莎當時是南加州的全職的婦產科醫師，卻感受不到成就感。她對醫療照護系統的信心已經幻滅，同時意識到自己不想再繼續過度勞累和失去誠信。

預算：麗莎賣掉房子，並且清算退休基金，用以支應所需的費用，這包括支付醫療失誤責任險（光是這一項就需要 1.2 萬美金），以及自己和家人超過兩年的生活費用。她發現自己嚴重負債，花了好幾年的時間才把負債的情況扭轉過來。

期間：兩年

目標：不預設目標，但會去找出接下來要怎麼做

觸發關鍵：在麗莎經歷她自己所謂的完美風暴時，她已經開始服用多種藥物來維持自己的理智了。就在兩個星期內，幾個重大的生命事件同時發生：麗莎剖腹產生下女兒；她的狗死了；原本健康的弟弟因為一種普通抗生素的罕見副作用，而死於全面性的肝功能衰竭；父親也在此時過世。一

連串的事件成了壓垮駱駝的最後一根稻草。麗莎覺得自己好像坐在一列撞牆並脫軌的貨運列車上，她被留下來把散落的東西拼湊回去，一次一個，她發現自己需要時間來做這件事。

回頭來看，麗莎會把自己診斷為巫師所謂的「失去靈魂」，因此她需要再次與自己的靈魂連結，如此才能重新獲得意義、方向、活力、使命、目的、身分，以及與內在真實的連結。她的內在聲音已經失去音訊。

計畫：麗莎花了整整一年的時間，才完全擺脫了她所受的醫療訓練。這感覺就像一個背叛的行為。畢竟，醫生不會稍做停歇，更不用說是休長假。她甚至不被允許休超過一個月的產假，即使她本身就是一位婦產科醫師，而且剛剛才動過剖腹產手術也一樣。麗莎知道她必須想出對策，避免自己落入深淵。她辭去工作，賣掉聖地牙哥的房子，舉家遷往加州的蒙特利灣。即使身為醫療專業人員，仍然有很多費用需要釐清，包括另外兩年的醫療失誤責任險，以及養育新生兒所需的費用，雖然因此債台高築，但是麗莎不為所動。她知道，她不能回到那個不再適合她的生活方式。她花兩年的時間來療癒、寫作、繪畫、健行。

影響：麗莎原本失去人生目的，她已經忘記自己是誰。經歷了兩年她所謂的「等待與熟成」的時光，她終於明白自

己注定要走什麼樣的路。在她出走之前，她以為自己做為一名治療師，或是在醫療領域的生命已經結束了。醫學傷了她的心，她想永遠停止和它的關係。但是她明白，即使離開了工作，也無法脫離你的召喚。她需要的，是找到一個新的方法與之交手。

麗莎重新與精神面連結，用很多時間傾聽自己內在的聲音，並且親暱地把這個稱為她的「內在指示燈」。她的路線受到指引，來自宇宙的訊息隨處可見。她的靈魂已經甦醒，而剩下的，就像她說的，都成為歷史。

現在，麗莎住在加州的馬林郡，這片土地與海相連，她的房子俯瞰太平洋，每天都被生命之美所包圍。以下內容引自她的網站：她是「一位紐約時報的暢銷作家，著作包括《心靈更勝藥物：科學證明你可以療癒自己》（*Mind Over Medicine*）、《假面恐懼：科學證明我們可以更有勇氣》（*The Fear Cure*），以及《剖析召喚》（*The Anatomy of a Calling*）。她是一位醫生、一個演說家，也是全人健康醫療研究中心（Whole Health Medicine Institute）的創辦人。她的使命是將科學與靈性結合起來，不只利於促進個人的健康，而且能提高集體的健康水平。為了彌合看似異質的世界，莉莎扮演著連接器、整合者、策展人和放大器角色，傳播她深具遠見的獨特想法，以及她所信任的劃時代先知的見解，特別是在她最

新的研究領域，也就是她所謂的『神聖醫學』④。」

☀ 練習從日常中出走

暫停有助於正確的答案出現

我們當中有許多人很容易讓自己太過繁忙，以至於讓生活流於行色匆匆。現在麗莎發現，在她感到困惑、不太清楚該怎麼做決定，或是感覺很混亂時，解決之道並非更努力嘗試或是想得更多，而是讓自己脫離，不要有太多作為。唯有如此，答案才會浮現；而且浮現的不是隨便一個答案，而是正確的答案。

明白出走只是暫時的

一旦你能明白暫停並非永無止盡的，許多的焦慮就會因此消失。請允許自己放輕鬆，不要急著跳進下一件事。好好享受你的時光。用農夫市集的蔬果來烹調新鮮的餐點，或者在城裡從事一些活動。就像作家查爾斯・愛森斯坦（Charles Eisenstein）所說的⑤，把我們的經驗變成常態的，是「故事與故事之間的空檔」。你愈常把經驗常態化，便愈會看見，人生中都會經歷一些發現自己處於「兩個階段之間」的時候。

跟著你的麵包屑

如果你夠勇敢，願意去找一塊會帶領你進入出走階段的麵包屑，那麼就再跟著下一塊麵包屑走吧。我們大部分的旅程都不是遵循線性的營運計畫。

耐心等候指引

這是屬靈的時機，而不屬於你。無論你走在英雄旅程的哪個階段，你都是寶貴的、值得的和完美的。請相信這一點，並且繼續跟隨麵包屑的指引。最終，你將會抵達一個比你曾經預想過的都還要棒的地方。

為自己立下承諾

「目的」就是我們為何而活，它對你來說很重要，可以讓你時時刻刻創造出對你有意義的生活⑥。出走讓你有餘裕去發掘當下的意義。由於你願意讓新的東西有湧現的空間，自己將因而蛻變，而這是你可以盡情探索自己會變成什麼樣子的機會。即使你從來沒有想過自己的目的（其實我們很多人都不會這麼做），但是去發掘你所在乎的事，是一種可以與自己的內在連結，並且讓自己得到啟發的方法。你的暫停目的誓言就是為了反映這個。這

份誓詞是一份流動性的聲明，你可以隨時更新，以反映你的承諾，以及為什麼暫停對你而言很重要。我建議你每天讀一遍自己的暫停目的誓詞，持續三十天。把它當作你對自己做的承諾的一種強力提示，同時它也可以幫助你，把暫停目的融入暫停之後的生活方式中。

許諾書

　　我，○○○，承諾我要暫停一下，並且願意改變我的行為。我相信我是在正確的地方。我選擇從這個經驗中學習，並以一種可以賦予我的生活更多意義的方式來應用它。從○月○日（今天的日期）開始，為了朝著我的暫停目的前進，我將採取的行動，以及它為何重要的原因如下：

_____

這份誓詞立即生效

_____ 簽名

　　歷經暫停之後，我體認到自己的目的是成為推動變革的人。無論我在某個特定的日子做了什麼，或者為什麼要這麼做，我的目的都是為了讓自己和他人變得更好。我渴望和他人產生連結，渴望有鮮活的感受，也渴望有所作為。我渴望能夠教我的工作夥伴一些新的東西，能夠啟發他人用不同的方法來做事，或者能夠讓他人了解，暫停一下，讓生活的某個面向有所轉變，是可行

的。並非我做的每件事都能帶來一些改變，而是我採取任何行動時，都是依據自己的中心目的，也就是扮演促進自己和他人進行變革的推動者。

一旦你為自己的出走目的進行宣誓，就值得慶祝一下！因為你已經朝著有意義的出走之旅，邁出了第一步。練習一下如何滋潤心靈或是自我關愛，就像我們稍早之前介紹過的那樣。你會到外面去散步嗎？你會聆聽你喜愛的歌曲並且辦一場舞會嗎？今天請你花個幾分鐘的時間，肯定自己的勝利，並且慶祝！

認清自己的優勢

自己想想看你的優勢何在，但也同時去問問別人，他們認為什麼是你的強項。注意一下這些答覆中出現的類型和主題，把你聽到的和學到的寫下來。

我之前已經介紹過湯姆・羅斯的《優勢引擎 2.0》，這是很棒的工具書，提供徹底的自我評估工具，可以幫助你找到自己的核心優勢。利用這本書以及與它相應的網站，你會獲得一份關於你的主要優勢的詳細報告，並根據你所輸入的資訊提供職業選擇建議[7]。

以下是我得到的前五項優勢評估（按最強屬性排列）：

◆ 成功者

◆ 積極

◆ 吸引力（呼朋引伴）

◆ 學習者

◆ 競爭力

　　根據我對朋友所做的非正式詢問，以及這份《優勢引擎 2.0》的評估報告，我就能掌握我想要追求的技能與角色。其中有些項目和我對自己的認知相呼應（我喜歡「呼朋引伴」這一項），但是其他項目則不是那麼顯著。兩者都讓我以一種客觀、實際的方式更加認識自己。

學習分享真實的感受

　　每當有人問起我的暫停之旅，我會開始談論自己的優勢，以及如何在下一個角色中應用這些優勢。我讓自己的內在聲音浮現，並且被聽到，我對於分享自己的真實內在感到安心。和他人保持眼神接觸，還有承認自己內心的不確定及恐懼，對我來說都是很新鮮的，在出走之前，我不太擅長做這樣的事。在我變得脆弱時，我願意讓他人來協助補強我的弱點，即使他人可能沒有意識到這一點。這是我每次和他人對話之後，都會學到的一項重要課題。

當你願意這樣讓他人靠近你，其實也發出訊息讓別人知道，他們也可以這麼做。這感覺是肯定的，因為你開誠布公地讓真實的自我顯現，因此你讓他人有機會看到真實的你。當事情如此進展時，與他人的每一份互動，都化成一種自我關懷的行動，同時也是一份禮物。你滿足自己的渴望，讓它們被看見、被聽見。你與深層的自我同在，因此，你也邀請他人造訪這個層次的你。當我被問到下一步我要怎麼做的時候，我不會去掩飾這個問題，給一個四平八穩的答案，而是和對方分享真實的自我。

「嗯，我在過去三個月裡，對於自己的優勢想了很多，而且也去思考如何把它們融入我接下來要做的事情上。在 Google 上班，有很多的機會。我明白自己的優勢在於與人交往、建立關係，並且與他人維持良好的關係。我在線上廣告這個行業是個資深的業界人士，我很擅長向不同的族群解釋技術概念。」

你怎麼會這麼誠實地回答這個問題？你難道不知道，這麼說會讓自己顯得脆弱。

「對我來說，在和客戶合作時，我的這些技巧配合得天衣無縫。我想要的工作，是可以發揮我過去的角色所累積的經驗與技術專長。」

只要你說出自己真實的感受，你的聽眾就會表現出真正的興趣，目不轉睛地看著你，並且把他或她的注意力全部放在你身上，因為你讓人感到耳目一新。開誠布公地說真話是很少見的，但是人們聽到或看到時就會知道。想想上一次有人在你面前表現

他脆弱的一面：你可能會感到不自在，因為那可不是一般普通的
對話。即使你可能會嚇到別人，因為他們還沒有準備好或是毫無
預期會遇見這個層面的你，你還是應該肯定自己的做法。藉著說
出對你來說，什麼是重要的，以及在你身上發生了什麼事，你所
展現的，是對真實自我以及自己當下感受的尊重。你的任務是要
照顧好你自己，而不必去理會任何其他人對你的反應。這是光榮
的，是真正的尊重自我。

將出走當作一項實驗

　　把你的休假看作是實驗，一個充實自我與活力冒險的機會。
我再強調一次，讓自己保持一種成長心態。只要你這麼做，一切
都會成為你的機會。我在暫停期間進行了幾項實驗，其中一項是
讓自己比較接近禪定，或是比較平靜。我認為瑜伽可以幫助我達
到這種狀態。我第一次到德州奧斯汀的小旅行讓我認識了熱瑜伽
（Bikramyoga），那是一種在華氏 120 度的高溫環境進行的瑜伽。
我很擔心自己會熱過頭、會討厭它、會昏過去，或者是不得其門
而入。結果出乎我意料之外，我很喜歡。在我回到洛杉磯，知道
它可以改善我的彈性之後，我打定主意，一週要上兩次課。另一
項實驗是試著去擔任兼職的自行車旅遊的導遊。
　　我檢視過自己的強項之後，發現自己熱愛騎自行車，也樂於
帶著大家騎車去逛逛。我應徵到兼差的工作，在週末擔任酒莊的

導遊，這個實驗給了我一段時間以來最有趣，而且收穫最多的工作：而且一切都在酒莊裡！

這些實驗與我的渴望、價值與熱情相應。我渴望活得有朝氣，渴望活得有趣味。我重視結交新朋友、體育活動，也樂於分享我對於騎單車及接待客人的熱情。我選擇這些活動，是因為它們與我的內心以及我的核心價值一致，我的核心價值包括注重健康、從事戶外活動，以及結交與我有著同樣興趣的人。因此，我感到快樂與滿足。

你也可以採用那些你在暫停之前已經進行過的實驗，也就是那些由更深層的渴望、熱情與價值所驅動的實驗，讓你的內在指引帶你找出那些實驗的可能性。

勇敢接受就對了！

即興表演工作者有一條金科玉律，就是永遠都要來者不拒。無論如何，這是敞開大門迎接機會的一種方法。抱持成長心態，並且盡可能地勇於接受，對於新事物尤其如此。如果你發現自己浮起「改天再說」或是「那不是我會做的事」的念頭，請用潔淨心靈的藝術，泰射思維的技術來對治這些念頭（請見第 4 章）。你要知道你的大腦已經被那些運作無礙的舊把戲所掌控，它會抗拒你為了自己的利益所做的改變。你愈常接受較大的風險或機會，你就愈能重新訓練你的大腦。

勇於接受是另一種邁向成功出走之路的秘訣。你可以拓展新的疆域，探索新的領域，並且走出你的舒適圈。尋找一些機會並且勇於接受，而這些機會在過去你很可能會拒絕。有一些新的活動邀請或是你一直想要追求的興趣可能會跑出來。以下是一些你可以讓自己勇於接受機會的方法，不管是漸進式的，還是一下子就大步躍起、跳進未知。

◆ 一個星期挑選一天，在這一天對於任何你被要求的事，來者不拒（務必是合法的事，拜託！）。

◆ 答應從事一項你一直有這個念頭但卻尚未真正去追求的活動。規畫一下，在你的暫停期間做這件事。

◆ 去上一門即興課程。尋找你所在地的即興劇院。入門課程從一個工作坊到幾個月的時間不等。

◆ 你可以玩一下即興的「好，而且還要」的遊戲。這個遊戲的玩法如下：對於任何的提議，都說「好，而且還要」，然後把它發展成另一件事。反向的玩法則是，說「好，但是」或是說「不行」，來限制該提議的發展，或削弱它的潛力。

我舉個例子，假設你的朋友問你想不想要去吃午餐。你可以回答：「好，而且還要確保我們也去吃冰淇淋。」你也可以提示你的朋友，在你回覆之後，也要按照這個「好，而且還要」的格式來回答，這樣才能讓這個遊戲繼續進行下去。下次，當你抓到自

己想對別人或是對自己說「不」的時候，請說「好，而且還要」
後面接上你接下來的想法。找一個朋友一起玩這個遊戲，看看會
發生什麼事。

擴大你的舒適圈

下面這個圖替這個概念做了很好的總結。我是受到我在社群
媒體上遇到的一些藝術的啟發。這是一個強而有力的提醒：我們
必須離開我們的舒適區，才能找到我們生命中的奇蹟。

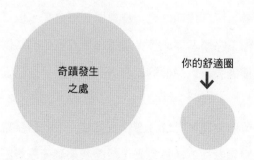

我們的大腦邊緣系統喜歡舒適圈的熟悉感與安全感，幸好不
是非常神奇地往舒適圈傾斜。待在舒適圈裡，我們不必擔心任何
迫在眉睫的威脅，一旦離開了舒適圈，大腦就必須學習並重新布
線來處理新的經驗，此時便會產生連帶的風險與不適。

當你離開舒適圈時，出走時刻提供了理想的時機，可以用不

同的方式去做、去思考，這就是為什麼暫停可以如此神奇。舒適圈之外才是我們滋養心靈的地方，同時也是可以把學習和成長能力發揮到極致的地方。在我們接受新的體驗，並且形塑新的神經連結網絡時，才能感受到自己活生生地存在。恐懼感與焦慮感是可以預期的。請記得泰射你的限制性信念，把你的渴望說出來，然後在暫停期間去滿足你的渴望。你正踏上一個全新的、神奇的、未知的領域。

挑一件超出你的舒適圈的事，然後就去做吧。只要你抱持成長心態，隨著你一次又一次地採取小的、漸進的步驟，你的舒適圈就會擴大。只要你累積足夠的經驗，最後，你將開始以不同的方式來思考。可以預期的是，你會感到不自在，但這是個好的徵兆，表示你正在學習與成長。當這種情況發生的時候，就表示你開始以一種過去難以想像的嶄新方式在生活。你已經找到魔法了！

我的一位朋友麗茲（Liz）邀請我參加一晚的莎莎舞課程。我知道我有多麼喜歡在舞池裡舞動，於是我來到莎莎舞蹈世界裡，淹沒在拉丁節拍中，雖然我對於如何協調雙腳毫無頭緒，但是我的感覺很好，那是一種與身體和諧一致的感覺。所以，我堅持了下來，我知道我還有很多東西要學，但是我樂在其中。

雖然剛開始的時候我感到不自在、自我意識高升，但是我跳著跳著便克服了對莎莎舞的恐懼，而且把它當作學習一項有趣的新技能的挑戰。我買了一套團體課程。漸漸地，我對於跳舞這件

事變得更為自在，也比較不那麼自以為是了。當我開始期待星期一晚上的到來時，連我自己都感到驚訝。在我察覺之前，我就已經擴大了我的舒適圈，而且開始享受莎莎舞了。而這更進一步為我帶來新的朋友、約會和體驗，同時這也是一個很好的提示，讓我知道為什麼跨越舒適圈去「找尋魔法」，而且全心全意好好地過生活這麼重要。

活在當下

就像大腦會編寫程式把自己留在舒適圈一樣，我們在思考未來時，也有同樣的傾向，很容易陷入「萬一……」的假設情境裡，並且開始感到焦慮。當我們關注未來時，我們便不再存在於當下；「當下」便被遺落了。

一些例子如下：

◆ 對於當下採取的某種行動或是決策所導致的結果進行預測，或是預期一項未來事件（如果我現在做「這件事」，就表示隨後會發生「那件事」，這樣我就會感到快樂、或悲傷、或害怕等，而○○和○○就不會發生）。

◆ 允許對未來的擔憂耽誤到自己當下的存在（我將來會結婚嗎？我什麼時候才可以賺比較多錢？我什麼時候才會被拔擢？我沒有辦法等到我減掉十磅就可以……）。如果你活在

當下，那麼就沒有任何事可以讓你擔憂。

我稍早在第 6 章中提過的嘉柏莉・伯恩斯坦，影響我對於活在當下的覺醒。她自創的名詞「漫遊未來[8]」正中我心，意思是沒有活在當下，反而去擔憂在未來的某個時刻你可以或不可以做什麼事。如果我們把這個套用到為了轉換職業而暫停，所產生的漫遊未來的例子就是：「我在出走之後，怎樣才能找到另一份工作？」你待在自己的想法中，而不是存在於此時此地；你的心飄到了別的地方，擔憂著未來會發生什麼事。

漫遊未來很容易讓人產生擔憂，那樣會讓身體的壓力荷爾蒙皮質醇升高；因而使得更多關於虛構場景的想法一直延續下去。這對於保持腳踏實地、活在當下或是專注是不利的，因為這些對你來講都會變得遙不可及，而這些又是你最初想要暫停一下的原因。

如果你發現自己又開始在漫遊未來，以下是一些可以把你帶回此時此地的方法[9]：

- ◆ 詢問自己：「現在，我沒有注意到什麼？」請注意你目前的感覺。
- ◆ 詢問自己：「現在，當下這個時刻呈現在我眼前的是什麼？」

◆ 召喚自己。大聲地說：「我又來了！又在漫遊未來了！」然
後轉向周圍的環境，利用你的感官知覺來吸收環境資訊。
如果想要變得更能存在於當下、存在於自己的身體中，有
個最快速的方法，就是注意自己的情緒以及你透過五官所
感知與經歷的訊息。

寫日誌可以讓你關注自我

就像我之前所說的，日誌的記載都是讓自己更能活在當下的
機會。如果你是創意型的人，那麼買一本塗鴉本、一本日誌本，
或是兼具兩種功能的筆記本。為你的出走準備一本專屬日誌，開
設專屬的文字部落格，或是影音部落格，記錄暫停期間的每一
天。你做了什麼？它讓你感覺如何？你覺得興奮、緊張或是憤怒
嗎？詳細記錄最簡單的任務，例如製作美味的晚餐、騎自行車或
在公園散步。每一個都是可以分享的故事。即使是最平凡的念頭
或想法也要寫下來，這個方法可以讓你關注內在的自我，同時可
以捕捉到你可能自己都還沒有意識到的想法。就從本書的「練習
時刻」單元所列的問題，開始著手記錄。我建議你開始書寫自己
個人的暫停日誌或是暫停手札，這樣可以幫助你活在當下，並且
可以讓你在這個變革時期對於自己有最多的學習與發現。

一個人的旅行：在家或遠行

休假是一種奢侈享受。如果說，無論你有多麼想要，或者是多麼需要休息一下，但是出於某種原因，離職對你來說，都不是你的選項，那麼，你有什麼辦法呢？你要如何繼續做你正在做的事（工作、照顧他人，或是擔任親職），同時又能暫停一下呢？

答案比你想的還要簡單。請開始把一些行動融入你的生活中，這樣你就可以有意識地替你正在做的事情帶來一些轉變。你可以自己設定期限。下面是一些例子：

◆ **為了向科技說不而暫停**：正如前面所討論的那樣，即使你不把這個當作主要的暫停類型，但是如果把它當作一天或更長時間的實驗，仍然值得一試。

◆ **為了更新目標而暫停**：在一段特定時間內，把你一直想要開始的某個想法或是計畫付諸行動。

◆ **為了改變生活而暫停**：用較健康的生活方式過一週（例如，不吃油炸食物）或是開始執行一項新的健身方案（例如，每週健走或慢跑一次）。

◆ **為了改變心靈而暫停**：把一兩天的時間投注到一項新的倡議，也就是把這些時間用來釐清自己希望如何改變。

◆ **為了改變意圖而暫停**：每天設定你的意圖，目標鎖定會讓你快樂的事。

　　即使時機不是很理想，也不要放棄採取暫停措施的想法，也可以把下個星期的時間都用來暫停，這樣就能夠將這些概念融入日常生活中。關鍵是要採取行動，改變你目前的生活方式。你可以徹底脫離你現有的世界，或者是先邁開一步，做一件會讓自己更快樂、更滿足，或是可以為自己的生活帶來更多意義的事。

　　如果你確實有時間和資源去某個地方旅行，那就去做吧！規畫一個人的旅行。每年都來一次個人旅行，這是反思自己的人生、里程碑和個人成長的好方法。你可以利用一個週末、一天，或是任何長度的時間來進行，只要對你而言可行就好。我知道，放縱自己遠離現有世界而沉浸個人時光的方法，可能令人望之生畏。獨自一人造訪美麗的地方，可能讓人感到不太自在。然而，獨處的魔力之一就是能夠去探索你為自己創造的體驗。根據你的條件，在你想要的時候，去你想要的地方。把它看作是另一種自我照護的行為，去關注內心的自我。就算為時只有 24 小時，也是另一種可以找到你舒適圈之外的魔法的實驗和機會。畢竟，我們不是總被認為應該和別人在一起嗎？雖然我們被期望這麼做，但絕非必須如此。與自己獨處，其實就是針對上面已經提到的所有事情，給予自己承諾。這麼做真的有用，除了你自己，沒有人需要被優先考慮，這是一種把注意力放在對你最重要的事情上的新方法。

重整身心靈

從職業倦怠的銷售主管到為自己的人生目的而活
史蒂夫‧西斯古德（SteveSisgold）

史蒂夫在一家大型商業設備公司負責企業銷售，這份工作讓他賺了很多錢。他從小就能掌握察言觀色的訣竅，而這成為他在銷售業務上的看家本領。這個本領不僅讓他稱職地扮演好他的角色，而且他的銷售業績也超過其他的銷售員，連續多年，在 500 個銷售員當中，他都是排名第一的銷售員。然而，經過幾個銷售週期之後，他注意到，他的銷售量愈大，公司就愈想刪減給他的提成獎金。公司總部有反對的聲浪正在醞釀，有些事需要進行變革。

預算：幾千美元的儲蓄

期間：兩個月

目標：重振他的身、心、靈，傾聽他內在的聲音

觸發關鍵：史帝夫有機會在一個會議中問公司的一位副總裁，發生了什麼事？他被告知公司的政策改變，而事情差不多就是會這樣發展。公司提供他一個機會，橫跨美國搬到位於新英格蘭州的總部辦公室。史蒂夫覺得這個機會是個嚴

正警告，他對這個想法感到不安。史蒂夫離開會議時感到既挫折又困惑。

那次會議之後，他回到日常的工作，這時他發現自己並沒有在成長，而是正在衰敗，目前狀況只算勉強過關。他不像以前那樣早上興奮地起床，然後去做他的核心工作。相反的，他發現自己被其他源於自己創造面的興趣所吸引。他不想辜負自己的音樂才能，想花更多的時間彈吉他和唱歌。他有一股欲望想要教人們東西，想要寫更多關於個人的銷售經驗，以及一路走來閱人無數所學的知識。

該要適可而止了！史蒂夫辭掉了銷售工作，並決定專注於他具創意的熱情所在，雖然可能只是在短時間內這麼做。他不知道他會休息多久，但是他知道他必須做一些有創意的事，即使只是為期一週也無妨。

計畫：史蒂夫決定收拾行囊，跳上車，然後開車上路。他想去某個地方，任何地方都可以，就在那裡待上一個星期。他只有一個鬆散的計畫，就是開車從舊金山往南走，看看他最後會到什麼地方。當他抵達洛杉磯之後，他決定要去一個可以靜修的地方。所以他從電話簿裡面，找到一家位於聖地牙哥外圍的溫泉複合式旅館。他知道溫泉和安靜會幫助他得到答案。

他的想法是對的。泡在溫泉裡可以讓他放鬆，也可以讓

他的想法優游。他注意到自己內心的聲音，從中尋找下一步可能是什麼的線索。這份靜謐同時讓其他以前沒有聽過的想法，也得以浮現。

想法開始一個一個冒出來。他問自己：「接下來我能做哪些對我而言重要的事？」於是，他那一週剩下來的時間都在反思。他注意到，當自己在游泳池裡游泳的時候，最棒的想法不費吹灰之力就會自己跑出來。他把這些想法寫下來。他思考自己的社群需要什麼，有什麼欠缺的東西是他能提供的。他開始把幫助他人進行連結的想法具體化，內在聲音也不斷地告訴他同樣的事情。他知道自己存在的使命，是要幫助他人追隨他們的夢想；是要幫助人與人之間產生連結。

在那一個星期當中，史蒂夫都待在那個安靜的靜修之地，他讓自己浸泡在水中，就這樣產生了自己的想法：開創有關網絡連結以及社交活動的事業，服務對象是灣區當地的社群。他把它稱作馬林商業交流（Marin Business Exchange），而這個地區並沒有像這樣的服務。那就像回到網路出現之前的年代，人們進行社交網絡的連結需要實地走到某個地方，才能認識新朋友，需要面對面才能互相打招呼。史蒂夫知道，他是做這項工作的不二人選。

影響：史蒂夫回到灣區，如火如荼打造新事業，他一頭栽進營運規畫中，並推出了他的第一個活動。他覺得自己又

恢復了活力，感覺煥然一新，身心舒暢，而且活力充沛，準備開始啟動他的事業。

史蒂夫每個月舉辦一次網絡連結活動，頭幾個月就匯聚了一群追隨者。他的下一個機會隨之展開：指導人們如何克服自己的障礙，並能真正行銷自己。現在，我們稱為建立個人品牌。很快他又有第二項收入來源，而第三種收入來源來自那些想追求夢想的人組成的支持團體。

隨著史蒂夫在工作上與他的客戶有更多的接觸，他開始注意到他們的身體語言模式。有些人談到他們的障礙時，會交叉雙臂；其他人則是在提到某種特定的事情時，雙腿會上下抖動。他的下一個生意點子來了：他砥礪自己運用自己的實作技巧，來幫助他人藉由他們自己的「身體智能」釋放障礙，並且更加了解他們自己。於是，他建立了另一項新事業，叫做全身智能（Whole Body Intelligence, 簡稱 WBI）。多年來，他在墨西哥、夏威夷、新墨西哥州和其他美麗且鼓舞人心的地點，舉辦了幾十場靜修活動。

「想來真是不可思議，這些都是從我最初在 Club Mud 出走時，所衍生出來的。」史蒂夫有感而發。「它仍持續在演進：想法、活動、客戶、支持團體、工作坊，還有現階段我的書和身體智能諮詢業務。」

現在，史蒂夫是個全職的作家、教練、訓練師和演說

家。他掌控了自己的時間、收入和未來。他同意在任何特定時間，這都可能令人感到害怕、有壓力，但卻同時令人感到幸福。作為一個部落客以及出版作家，史蒂夫有時候會覺得自己好像回到了大學時代，活在期末報告的期限壓力下。他遇到了不可思議的人，也遊歷了美妙的地方，而這全都是他的新職業道路所帶給他的。

練習從日常中出走

傾聽身體的聲音

　　如果你把暫停看作是一個成長的機會，同時也是傾聽自己內在聲音及身體感官知覺的機會，那麼暫停一下可能是一種非常具有靈性的體驗。

許下一項承諾，並且挑選一個地方去實踐

　　挑選出你要去的地方，並決定你能在那裡待多久。史蒂夫建議選擇一個讓你有安全感，而且覺得心靈受到滋潤的環境，並且承諾會真正待在那裡。他問了一些問題：「你喜歡陸地或海洋？偏愛山岳或沙灘？週末的逍遙時光會讓你振奮嗎？一個公園或是大自然中任何能讓你感到安全的地方，都是開始的好地方，即使只是在那裡待一個下午的時間也很

好。」他還建議:「請人幫忙看顧你負責的事,而且如果可以的話請拔掉電源。不然的話,在你試圖暫停的時候,會被迫陷入舊習慣。請記住,盡可能地做出承諾,而且是對一件事做出承諾。」

堅持30天的具體計畫

選擇一個日期和時間,然後把它寫下來,這樣你才不會忘記。就像我們稍早之前學過的,書寫這項物理動作對於大腦有神經作用。這類似史蒂夫的 30 天全身智能生活方式計畫,目標是一件事持續做 30 天。科學研究顯示,至少需要 30 天才能讓我們的大腦重新連結。如果你急著從一件事跳到下一件事,無論那是一份關係、一項工作,還是創傷的生活事件,都沒有機會在大腦中創造出新的神經通路。這些新的通路會創造出更大的、新的神經網絡,而促使新的想法和習慣出現,意謂著你可能會以不同的方式來思考和與行動,而事情會為你而轉變。

在你想學習的領域找到專家

一旦你對自己的身體有所知覺,並承諾要暫停一下,你可以不必自己一個人進行。在你想學習的領域,找一個這方面的專家,尋求下一個層級的支持,或找到一個已經完成了

你想做的事情的人。例如，如果你想要塑身，你可以加入健身房或是健身課程，或者雇用私人教練。如果你想考慮新的職業，把你的時間和金錢投資在聘請這個領域的專業教練。預期自己需要做一些投資，許多值得你花時間去做的事情，都值得你在上面投注金錢。史蒂夫說：「我去找那些已經完成我渴望去做的事情的人。我曾經付過每小時 1 千美元的費用，只為了和一群在他們的領域各自專精的人坐在一起，而從他們身上學到的知識，我到今天都還覺得受用。」

給自己安全的空間，允許創意衍生

　　一旦你讓空間變得安靜，想法就會來臨，又會引導你到下一個想法，然後一個接著一個。他們有些會是完美協調的好主意；有些則可能不切實際或是一場災難。繼續保持在自己的路徑上。如果你感到不知所措，請回到你在承諾暫停的期間待的那個「安全空間」，無論那是在自然裡、在沙灘、溫泉還是你家的後院，你都可以在那裡重新調整自我。

練習聆聽內在聲音

◆ 有哪些守則可以用來敦促你執行出走計畫，而你又將如何
守住這些原則？至少與一個人和或線上社群分享你的出走
宣言。

◆ 詢問那些對你知之甚詳的人，他們認為你的強項何在，藉
以評估你的優勢，並把那些想法寫下來。

◆ 你為自己的暫停計畫規畫了什麼樣的實驗？你的舒適圈之
外有什麼？你如何對它們來者不拒？

◆ 開始書寫你的「此時此刻日誌」（或者叫做出走手札）。請
用現在時態來書寫。捉住你當下的感受，以及你所看到、
聽到、嘗到、感覺到以及聞到的東西。避免寫一段敘述或
是一則故事，而是寫下有關存在於當下的任何其他的經驗
或想法。當你存在於當下的時候，你對於自己有什麼樣的
觀察？

11

安穩重回現實生活

當你自己找出答案，即便你是地球上最後一個看見這道光
的人，你將永遠不會忘記。

—— 美國天文學家　卡爾·薩根（Carl Sagan）

你已經找到啟動暫停的機制，並且已經確立自己的意圖。你
和內心的渴望維持聯繫。你已經決定了行動計畫（或是不作為的
計畫）。你從出走模式中獲得了新的見解，更加覺察，且因此選
擇了不同的生活方式。

如果在暫停結束之後，你仍然可以保持這種狀態呢？想像
自己是一個即將從外太空再進入地球軌道的太空人，任務是安全
成功地回到你出發的地方。然而，平流層往往是動盪的，想要再
進入，可能困難重重。但是，就如任何太空人一樣，有一系列的
演練可以幫助你毫髮無損地穿越大氣層，從立意良善的暫停狀態
返回現實，情況也是一樣。在太空人返航的過程中，身體承受著
難以想像的壓力，包括身體的、心理的、情感的，甚至精神層面
的。同樣地，你的船隻必須通過自己的檢查清單，以確保它安全

返回到它啟程的地方。

有什麼風險？你可能會感到壓力，或自己造成不必要的痛苦，擔心著下一步該做什麼。當你開始考慮改變，或想到如何與眾不同時，你可能會感到無望或沮喪，或者有其他的情緒壓力。你可能會忘記你在出走期間學到的一切，而回到你以前的習慣和方式。任何你已經學到的東西都有可能被遺落和遺忘，儘管我們喜歡改變的想法，但是也很容易又回到過去的習慣中。這就是為什麼「重新返回現實生活」是出走計畫的組成要素。

重新返回關乎你決定下一步要做什麼，以及如何去做。你完全回歸，或者幾乎回歸到一般的日常生活和社會。無論你在外旅行兩年，或只是逃離科技的魔掌一兩天，你都需要一些時間，讓自己過渡到當初離開的世界。

給自己一段轉換的時間

如果你休了長假，重新返回包括融入工作、轉換新的職涯跑道，或是開啟新的生命篇章。這是一個維持出走狀態或成長心態的機會。如果你從來沒有實際改變過自己的環境，也可以藉著整合你體驗到的感受、想法和見解，來保持出走階段燃起的火焰持續燃燒。

當你準備從暫停狀態返回現實，讓自己有一段轉換時間是很重要的。誰希望沒有任何調適的時間，就猛然被丟回現實裡？幫

你自己一個忙，想一想你需要多少時間，才能成功且務實的從暫停狀態轉換回來。所謂的轉換時間，可能是離家一段時間之後，回家所需的旅行時間，也可能是打開你的數位設備之前 1 小時；或者是在進入一場會議之前，沿著走廊行走的一小段時間。視你所進行的暫停類型而定，你也可能不需要任何轉換時間。無論如何，注意自己何時要進行轉換總是一件好事，這樣你才能做好必要的準備。

你如何把出走的這段期間體悟的精華，落實到日常生活中？這可能意謂要維持健康的生活方式、保持自己的成長心態、練習自我照護技巧、堅持一種能滋潤你的心靈的新習慣或技能，或是滿足一種渴望而讓自己有成就感。它可以讓你更接近你所重視的事或是你的目的。只要發揮一點想像力，就可以把這些帶進你從暫停狀態歸來之後的世界裡。

問題1：你學到什麼？

你從暫停狀態中學到了什麼？你從中所學到的，是最有價值的投資報酬率。從暫停狀態返回之後，你做的事情可能不會改變，但是你的做法卻可能改變。確認你學到了什麼，將其應用到你的日常生活中，如此你就可以繼續維持暫停的心態。如果你出走之後，更能夠活在當下，也更有意識，你的生活品質也可能會跟著改變。

你可能會發現（或重新發現）什麼會讓你悸動，你的渴望與

熱情何在，以及你想要繼續、開始或停止的事。在生活的七大主要領域中，你可能會學到一點或很多：關於身體、自我、家庭、人際關係、事業、社群或精神面向。或許可以深入推敲你在這些領域的滿意度，並了解自己可以容忍或無法容忍的範圍。

我在出走期間最大的收穫之一就是，即使我回到了相同的角色或職業路徑，也可以選擇如何表現不同於過去的行事風格。我了解了自己的優勢，也知道如何在工作上獲得更大的成就感，並感到內外更為和諧。我發現我的渴望在於，在別人心中占有重要的一席之地，並與他人有更多的聯繫。在策略方面，我學到我想建立或保持與客戶之間的關係，也希望能更加投入，並且在自己的下一個角色中，運用善於實現且具備影響力的優勢。業務銷售與我是天生絕配，因此成為我求職的焦點。

我們可以這樣說，暫停一個關鍵要點，就是你想花更多的時間與你的家人或伴侶相處。你可以發揮巧思找出好方法，但請記住維持成長心態。不管你的重點何在，問問自己：「根據我所學到的，我如何用不同的方式來做某件事，然後帶來某種我想要的結果？」在這個例子中，你可以問自己：「我要如何用不同的方式來工作，這樣我才能在家享受更多的時光？」以下是一些假設性的想法。

1. 每週一次與家人共度不受干擾的優質時光。你能做些什麼調整來做到這一點？你要如何持續這項做法？你可以訂定什麼

樣的基本規則？你會從事什麼樣的活動？

2. 每天一次打電話或寫信與人打招呼，並分享你的感受。

3. 設定一些界限來區分你的工作生活和家庭生活。這可能意謂著你必須訂出不能受外界干擾的時段，或者早點起床去做些事情，以便把時間保留給後來的其他事情。

你可以根據你所學到的知識，對於你或多或少想要做的事，產生一些想法。

問題2：你如何成長？

成長代表你因為學到新的事物，而產生不同的做事方法。你學到新的技能或是培養出新的嗜好嗎？你對於自己的情緒和環境有更多覺察力嗎？你覺得更有活力、更警醒，而且對於生活更有參與感嗎？

讓我們想像一下，你的暫停儀式是在每天早上正式展開一天之前，花幾分鐘的時間，向內觀照自我。每天早晨，你的雙眼緊盯著鏡子，深呼吸，然後告訴自己，你有多重要、多珍貴（如果你未曾這麼做，我鼓勵你試試看）。你其實是以一種不同於以往的正面和肯定，方式來看待自己。

在我執行出走計畫之前，我太過沉迷於流連社群網站。在我看電視時，感到無聊時，或是想要拖延一些事的時候，我就會沉迷在這種軟癮之中。當我瀏覽朋友的照片、有趣的影片，或隨機

的且沒什麼內涵的訊息時，我其實已經被吸入了社群媒體的漩渦中，而 30 分鐘的時間一眨眼就這麼消失不見了。

為了讓自己成長，我對於自己花在線上的時間，必須保持超級警醒，以避免自己落入「無止盡地迴旋」的陷阱裡。於是，我訂下一個規矩：每隔 6 小時，我可以去看一次社群媒體，每次為時 5 分鐘。接著，我又訂下第二條規矩：直到下班之後，才可以看社群媒體。我更決定，在我刻意安排的一星期獨自旅行中，完全不要接觸社群媒體。今天，我更能掌握自己花多少時間在社群媒體上，我訂的規矩，幫我建置了一套對自己很有用的控制系統。當然，想要使用社群媒體的衝動還是存在的，但是對於自己如何使用它，我變得更有自覺，也更有辦法為自己設下限制。

問題3：你需要轉換新跑道嗎？

在我暫停期間幾經思量之後，我確認公司和我的總體目標一致，也就是擔任變革推動者，幫助他人學習與成長。我知道，我想在可以預見的未來待在 Google 工作，但是我必須找到能發揮自己強項的職務：維持和客戶之間的關係和生意。我在為期三個月的暫停假期過了兩個月之後，決定未來要返回公司。我的策略是列出符合自身優勢的機會。Google 支持職業發展和內部職位轉換，我心中也有一個腹案：如果我在九十天的時間內，沒有在公司內部找到一個適合的職位，我會放眼公司以外的業務發展銷售角色。我去 DoubleClick Ad Exchange 面試，爭取專案經理的職位，

這家公司是 Google 旗下發展最快速的線上廣告展示平台之一。

如果你出走的目標主要是為了讓職業或工作環境有所變化，你可能已經發現，自己可能偏離了基礎，或者稍微偏離定位，不然就是不偏不倚走在正確的軌道上。詢問自己，你和現在的公司、角色或責任有多麼協調一致？你可能已經清楚這一點，如果還沒有，以下測試用來幫助你明瞭這個問題。一旦你確認自己的定位所在，你的下一步就會變得清楚許多。

自我評估

想想你目前擔任，或距離現在最近的工作職務或者角色，利用以下提示，在你的出走札記中寫下想法。

◆ 對於公司或是角色，我最喜歡的部分是什麼？

◆ 未來我想多做一點的部分是？

◆ 我想繼續做的部分是？

◆ 我不想再做，或是在未來角色裡希望淡化的部分是？

◆ 我在下一次探險中，為自己設想的狀況是（回想你的強項、重要的學習收穫和你的意圖規畫）？

◆ 我如何看待在下一個冒險中的自己？

工作契合度

與任何滿意度調查一樣，根據你對現任雇主，以及特定的日常工作定位的感受，你可以得出什麼樣的滿意度評分？

評分項目 A：針對你的雇主進行評分

非常不滿意／不滿意／沒意見／滿意／非常不滿意

評分項目 B：針對特定日常工作中第二順位的項目進行評分

非常不滿意／不滿意／沒意見／滿意／非常不滿意

分析

◆ **對於雇主和自己的角色感到滿意或是非常滿意**：恭喜你！受雇於一個可以讓你成長發達的工作環境並不容易。你現在的公司和角色對你來說是有價值的，你可以繼續在這個基礎上獲致成功。

⏸ 暫停之後毋須尋找新工作。你實現了讓自己出走，並且從中學到一兩件事，因而在回來的時候，變得更有智慧。拍拍你自己的背，稱讚自己。重返你原本的職務，從你當初離開的地方再出發；帶著新的精神與目的，煥然一新、朝氣蓬勃地歸來。

◆ **對於雇主感到滿意或是非常滿意，但是對於工作感覺持平、不滿意或是非常不滿意**：你一方面對於老闆感到滿意，但另方面又覺得你日常工作的角色出了一點狀態，所以無法順利運作。暫停一下，去探索自己的渴望，這樣可

能可以幫助你找到問題的癥結所在。你要如何才能實現這些渴望，並且感到更加心滿意足？這可能代表要尋求同事、主管，或是工作以外的支持者的支援；要去尋找精神導師；要評估自己的優勢以及哪些方面不適合你。這也可能意謂著你要去學習新的技能，以補足技術上的缺口。你應該負起責任，主動去弄清楚這些。

II 在公司內部尋求轉換工作的選項。每個雇主對於員工在組織內尋求改變工作路徑的態度都不一樣。如果尋求內部職務轉換的機會很小，甚至完全沒有機會的話，試著誠懇地和主管或是值得信賴的知己談論這件事；請卸下你的心防。如果目前的公司沒有辦法滿足你的事業目標，在繼續待在現任職務角色的前提下，有沒有其他的途徑更能滿足你的渴望？在一個新的領域當志工，或者非正式地與其他人建立連結，以了解新的角色或職業領域，這樣的作法可能會有幫助。

◆ **對你的雇主不滿意或是非常不滿意，但是對於你的工作感覺持平、滿意或是非常滿意：**你可能會像在度假一樣喜愛且享受日常工作，但是你對於公司的經營方式、它的價值，或者是你經歷過的組織效率低下，感到不滿意。

II 你和你的工作彼此相契合，但是你和你的雇主卻非如此。如果你認為你的工作和你的優勢以及目的一致，但是對於你的老闆如何經營公司，或是對於公司的使命或價值

感到不認同，那麼我建議你，到公司以外的地方去尋找新
的工作機會。到其他地方尋找機會，可能會讓你找到一個
更契合你的價值觀和優勢的公司。身為一個有意識、有自
覺的員工，你一方面順從自己的渴望並且追尋自我滿足；
一方面藉著練習泰射自己心中的信念與雜念（請見第 4
章），把你認為可以改進的地方說出來。與其維持矛盾狀態
或沒有任何作為（這也是一種選擇），我建議你應該採取行
動。我認為，無論你決定要做什麼，都應該讓你感到滿足
與具有挑戰，對於這一點我深信不移。活在當下，並且注
意自己的意圖與情緒，是很重要的。人生苦短，這種說法
已經是陳腔濫調了。每天注入變革的元素，是讓你充分享
受生活的重要步驟。有許多會讓你感到滿意的公司，就在
那兒等著你，如果你開始探求新公司，你選擇採取行動的
這個決定，可能會激發你對其他機會產生一些想法。請記
得保持成長心態，並且要踏出舒適圈，在舒適圈以外的地
方，將是發掘新穎神奇的機會的地方。

◆ **對於雇主感到不滿意或是非常不滿意，而且對於工作感覺
持平、不滿意或是非常不滿意**：你的優勢、目的或是行動
可能沒有被對應到你的工作上。你是否用盡了想法和資源
想在工作上獲得滿足？

⏸ 有些事情需要改變。需要改變的是你嗎？暫停一下可能
可以幫助你釐清這一點。在你探詢新的工作之前，問你自

己：「為了讓自己感到滿足，我在現職中，是否已經盡了各種努力？」意思是你要對自己的行為負責；你可以和樂於接受挑戰的主管開誠布公地討論；或者在你的角色上更加努力，好讓自己獲得成就感與滿足感。如果你已經盡了各項努力，還是沒有辦法讓自己感到滿意，如此再繼續逗留也沒有多大的意義。查看一下，要如何才能對自己更有利？不論這意謂著要採取行動，好讓你在現職獲得更高滿足感，或是要轉往下一站，到別的地方努力，讓自己獲得滿足。

成功的求職指南

在求職過程中保持當下的覺察與企圖心，對於找到下一個角色，是很關鍵的。以下是一些我很喜歡的求職技巧，我鼓勵你可以試試看。你可以照著所有的建議去做，或是只挑一兩項來做。每一項建議都可以為你帶來更大的安全感，讓你更有自信，而且可以確保你的完美工作將會出現。全心投入尋找自己的下一份工作，千萬不要自大，要全力以赴。

◆ 建立自己的「求職中心」：把求職過程詳細記錄在一處（筆記本、文件檔或是試算表），這是你用來追蹤所有工作相關

事務的常備資源。

◆ **隨和、真誠，讓氣氛對你有利**：為了確保面試成功，你必須投注額外的努力。研究一下你將會見到誰，才能夠把相關的人物連結建立起來。把這個想成在任何會議上發揮你個人的風格。想像一下，你正在招待面試你的人，就好像你在家裡或是任何活動場合，招待他或她一樣。每一項連結都有它的作用。

◆ **如果可以的話，永遠透過一對一的溝通，而不是透過大眾化的電子郵件或是制式信件**：表達你對自己經歷的感受，或描述特定的個人所具有的影響力時，盡你所能地做到真誠與衷心，用自己的話來表達你對他們的了解。

◆ **針對你目前的狀況（以及理想的結果）做好電梯簡報（即短時間內就能清楚表達你的想法），並且勤加練習**：電梯簡報通常是一到兩個句子，用來傳達你想藉由求職達成什麼目標。把簡報內容寫下來，並且練習說出來，同時要維持一貫性。要大方無畏，並且加上一些特定的請求，像是「你知道有誰可以幫我聯繫那些可以幫得上忙的人嗎？」根據你帶著走的能力，構建自己的經驗世界。

◆ **找出三個可以用來描述你個人品牌的詞彙**：把這些詞彙放在你的電梯簡報、履歷標題或 LinkedIn 的個人檔案中。

◆ **使用電子行事曆，藉以提醒你截止日期以及任何與時間相關的事情**。假如你計畫在星期三上午十點去應徵工作，你

可以在你的行事曆上創建一則提示，並且分配時間以便進行在這之前需要完成的工作。

◆ **替相關人士建立聯絡資訊，無論他們對於你的求職任務似乎幫不上忙或至關重要**：這可以做為未來的參考資料，可以幫助你把見過之人的相關資訊組織起來；如果有人推薦你去認識某人，你很快就可以記起來你曾經見過誰，對方推薦了你，而且如果之後你因此順利找到一份工作，你也可以回頭謝謝他們。每個人對於你的求職任務都很重要，他們或許都扮演了某種角色。要對每個人心存感激，因為他們給你寶貴的時間以及珍貴的見解。

◆ **表達謝意**：在你順利找到你的工作之後，寄一份禮物給曾經為此幫助過你的人，或為你全心付出之人。禮物可以是很簡單的手寫謝卡、來自你所喜愛的店家的巧克力，或是一張他們喜愛的酒類禮券。請不要期待收到回禮，並且真誠地表達你的感謝之意。

◆ **創造能夠激勵你的口頭禪，並且要常常誦念**：我常說的是「機會來自於挑戰」。每當我遇到挑戰，都會想起這是另一個學習、成長或是重新調整的機會。

◆ **保持心靈受到滋養的狀態**：求職的過程可能會讓人感到很有壓力、快被壓垮和榨乾，因此，好好照顧自己很重要。補充你所儲備的能量，練習自我紓壓，或是做一些可以滋潤心靈的事。不一定要花很多時間去做這些事，而是要讓

時間過得有意義、有品質。

◆ **在求職過程中練習暫停一下**：每次暫停過後你都會煥然一
新，如此你將會有儲備的精力可以繼續前進。

如果你能採行一些上述的建議，你的求職極有可能會成功，
而且過程甚至可能是愉快的。你可以預期有些日子可能不想按下
啟動鍵，這是求職之旅必經的過程。只要透過一點協助、組織、
意圖和支持，當你把求職任務當作是出發去尋找下一個理想工作
的歷險時，很可能就會學到一些東西。

提升溝通效率

我很喜歡以下這句諺語「文字形塑了我們所生活的世界」
（Words shape the world in which we live），可以應用到溝通的策略
上，無論是對你自己說話，還是對任何支持你的人說話都適用。
當你站在自己的信仰背後，你對自己的承諾以及意圖將能引起他
人的共鳴。每當你有機會分享你的真實感受，而你也把握機會真
的這麼做，你其實是忠於自己設定的目的：對你自己來說，出走
是一個理想的可能行動，不管這個行動持續多久，或者在這個行
動中做了什麼，或者不做什麼。如果有幫助，把它想成你的精神
行銷計畫。把你相信你注定要做什麼的訊息傳遞出去。

溝通對象：實踐者、協助者、休眠者

　　每一個你進行溝通的人，大概都會歸類在以下三大類：暫停實踐者、協助者，以及休眠者。暫停實踐者係指那些在某種程度上，已經做出和暫停有關轉變的人。他們經歷過類似的經驗，因此頭腦比較清明，內在比較和諧，聽得懂你在說什麼。協助者也聽得懂你的話，係指那些幫助個人藉由暫停重新調整人生，而且在某種程度上提供引導的人。第三類則涵蓋了剩下的每一個人。休眠者對於自己的知覺、情緒功能，以及選擇，都呈現「休眠」狀態。你在執行暫停之前，可能也是這樣的人之一，就像我一樣。如果他們偏離了軌道，其實是可以採取行動的，但可能需要被說服，否則他們將陷入阻止他們改變的恐懼或限制性信念當中。休眠者可能是很好的聆聽者，但是從某個面向來看，他們在生活裡夢遊，不知道他們也可以採取行動做出轉變。

　　出走的過程可以喚醒我們內在休眠狀態的潛力，這就是為什麼溝通計畫很重要。每一次的互動都是喚醒休眠者的機會，也是和協助者更為一致，或是讓自己成為一位協助者，或是遇見一位和自己心態相同的暫停實踐者的機會。你永遠不知道你會發現什麼，或如何藉由投入與分享你的故事來幫助別人探索。如果在你分享自己的暫停故事時，有人這麼回應：「我一直都想這麼做！」你不要感到驚訝，請直視這些人，並且鼓勵他們試試看屬於自己的暫停版本。不管那只是片刻的時間或是一個月的時間，都沒有關係。你是一種催化劑，從中喚醒休眠者。

　　把你的想法、計畫與收穫簡潔而成功地與世界交流的時機到了！你愈常和他人分享真實的自我，就替自己創造更高的自我驗證的親密感。暫停對於你和其他人的效果，甚至會變得更為重要。不管你是和鏡子中的自己溝通，或是大聲和一般心存好奇的人溝通，或者是和你的同事或主管溝通，或是和最了解你的人溝通，統統都一樣。你可以預期必須解釋你的動機和情況，所以要事先做好準備，他們是你，以及你即將成為的樣子的一部分。

　　在你致力於與你頻率相同的事物保持和諧一致時，請記住要抱持赤忱、誠懇、真心的態度。不管你暫停的時間是在街道走一圈，或是有一天不使用電話，或是一段延長的休假時間，每一次和他人互動時，如果可以討論你的暫停經驗，都可以讓你感覺受到肯定，也可以讓他人知道，暫停如何幫助你學習新事物。當你分享你的暫停計畫時，你會發現他人坐起身來聆聽你令人大開眼界的真實經歷。你的互動可能會激勵他人也暫停一下，這樣不是很棒嗎？

有效溝通的技巧

1. 選擇一個合適的時間和地點

　　根據你們之間的關係，把聽眾安排在理想的地點。如果你感受到一股阻力或是覺得可能被嚴格檢視，那麼選擇一個可以讓你和其他人放鬆的環境，像是你的客廳、餐桌或公園長椅，會有幫助。

2. 傳達對你有意義的事，而不是別人想要聽的事

如果你沒有辦法說服自已出走是對的，那麼沒有任何其他人會被說服。你要讓別人知道，你為了讓自己朝著正確的方面前進，暫停不只是你想做的事，更是你必須做的事。如果你沒有得到你所需要的支持，請堅定你的立場，並且記住你的目的還有對你來說重要的事。注意自己的渴望，並且以不設防的方式來溝通，這樣你才能對於自己的分享感到自在美好。

3. 讓你的訊息在聽眾的心中沉澱

不要擔心沉默的回應。如果你的決定沒有得到支持，你可以再次重申為什麼對你來說，這件事在這個時候是至關重要的事。

4. 分享你的目的

說明你在過去幾天或是幾個星期都在忙什麼。這可能是在描述你為什麼決定出走，或者你計畫要改變些什麼以及為什麼。跟大家分享你的計畫以及時間架構。

5. 表達謝意

感謝你的聽眾，感謝這個人願意敞開心胸聆聽你的分享，並且表示你會繼續保持聯繫。

6. 大聲排練，直到你的訊息夠清晰

如果你先進行排練，之後跟別人表達自我的時候會比較自然，也比較不會不自在。注意你當時的感受，並且把你的感受也表達出來。如果把你想說的東西寫下來，可以幫助你組織你的想法的話，就這麼做吧。

一切都是漸進的

從躊躇滿志到成長心態奉獻者

唐‧伊里亞特（Dom Elliott）

唐過去在 YouTube（Google 旗下的企業）的行銷部門，志得意滿地工作了很多年。他正是和雇主彼此契合，但同時卻對於自己的角色感到不滿意的典型例證。

預算：3 千到 5 千美元

期間：三個月的無薪假

目標：旅行並決定下一個職業的變動方向

觸發關鍵：唐沒有感受到既定的或顯著的動機。他喜歡他的工作，但心中對於這份職業的熱情卻不再。休息一陣子看來似乎是萌生計畫的好辦法，而且可以衡量接下來可以做的各項事情的輕重。

計畫：唐發現，和他的主管誠懇分享自己的想法和感受，是相對容易的做法。他過去在 Google 的表現紀錄良好，因此在他提出申請之後，主管便批准了休假，並且同意在團隊中保留一個位置等他回來。唐知道他可能會想要尋找其他的職務，但是只有時間可以告訴他答案。他著手規畫要花一

半的假期到東南亞旅行，剩下一半假期則不特別規畫，把時間保留下來，同時用來考慮下一步該做什麼。唐想要探索自己其他的興趣，以及可能的工作選項。他考慮了 Google 內部的其他職務，以及在科技產業的其他角色。他也考慮回學校去拿 MBA 學位。他想要去修習跟程式編碼和電算機科學有關的課程，這些都是他想要進一步深入發展的興趣所在。

影響：唐回到在 Google 原來的職位，但是決定就長期來看，他想要更靠近科技產業。他激勵自我的座右銘就是：「一切都是漸進的。」他明白自己不需要知道在接下來的五年內的每一步。因為他知道，他所踏出的這第一小步，也就是讓自己暫停一下，是引領他踏上正確方向的一步。

經過一個月的搜尋，唐決定在 Google Play 的開發者行銷部門任職。他開發了一套新的技能，並在公司中追求不同的職位。他覺得自己和新角色以及他所關注的重點是相符的：關注重點在於製造高品質的產品，為各地的行銷人員服務。他認為這是一個成果豐碩的轉變，因為得以發揮他對於科技的熱情，而且促使他開始思考未來轉往程式編碼、電影或是教學方面的可能性。

他也明白他可以再出走一次，或是去嘗試新事物，不以限制性或是絕對性來看待任何事物。在他暫停歸來之後，他便利用自己的時間去研修程式編碼課程，也開始學習編劇，

因為他希望寫電影劇本。他成了一位素食者。他決定訓練自己跑馬拉松，這是他的首度嘗試。所有這些事雖然不必然是出走而引發的，但是肯定都和暫停的經歷有關。

「我把每一個決定，都看成是引領我獲得更多快樂的一步。」唐這麼說道。「每一小步都為我帶來新的東西，或帶我走向新的境界，若沒有經歷這些，我是不可能探索到這些東西的。我採取行動是因為我自己想這麼做，沒有任何其他人為我決定任何事。」經過出走的洗禮，唐學到如何與令他感到契合與滿足的事物再度產生連結。因此，他覺得自己的生活是受到眷顧的、令人感到滿意的，而且在各方面都是投入的：包括生理、心理和情緒的層面。

✦ 練習從日常中出走

欣賞並重視循序漸進的每一步

擁抱你的旅程！這裡要講的不是目的地，可能是一開始看起來似乎不可能，或是遙不可及的偉大的、艱鉅的、限定的目標，而是要講朝著你想要去的地方的每一小步。如果你正在尋找下一個職業生涯的發展方向，那麼我建議你花 1 小時到網路上尋找工作機會，或者瀏覽你所屬產業的公司的新聞。

避免執著於特定的結果

這需要你抱持成長心態，而且對於「你可能有一個很好的藉口不去做某些事」這樣的想法，保持開放的態度。勇於挑戰自己的預設立場：去和一個陌生人聊天；保持你的好奇心。如果你對於某人或某事感到不熟悉，這正是深入探索的好理由，而不是去逃避它。

獲得日常生活範圍以外的觀點

在大腦適應新環境的時候，這可以讓你有機會用不同的方式思考，並且可以開發新的觀點和想法。

練習聆聽內在聲音

◆ 你從暫停歷程中得到的最大收穫有哪些？

◆ 把這些收穫寫在可黏貼的便條紙上，貼在冰箱、前門或是浴室的鏡子上。每天花一點時間，把這些收穫整合到你的生活中，做法是把它們唸出來，並問自己，在暫停之後，你的做事方法、感覺，以及行為有何不同？

◆ 你有何成長？或者，因為暫停的收穫而讓你產生何種差異？

◆ 為你所學到的以及你的成長慶祝一下。慰勞一下你自己，做一些你喜歡的事，讓自己有成就感與滿足感。

◆ 你打算如何（或已經如何）從暫停階段過渡到現實？

◆ 在這段過渡時間裡，你想要有什麼樣的感受，或者想要處於什麼狀態？你需要多少時間？在這段過渡轉換期你還有任何其他要求嗎？

◆ 建立你自己的求職中心：你可以在 www.rachaelomeara.com 這個網站上找到一個試算表範例，你可以把它複製下來。

◆ 草擬你的溝通計畫：談什麼內容會讓你覺得沒有防護或是很冒險？你所學的與何者相呼應？或者，你打算如何轉變？把上述這些問題整合到你的溝通計畫中。

12

轉化出走能量的六個技巧

把暫停當作一種生活方式。當你開始做你真正想做的事，
從那一刻起，你便開啟一種截然不同的人生。
—— 美國建築師　理查·巴克敏斯特·富勒（R.Buckminster
Fuller）

出走，是個全球性的對話和運動，隨著我們的世界加速前
進，它將變得愈來愈響亮，也愈來愈重要。如果你沒有從暫停歷
程中喚醒你的意識，你怎麼知道你的感受為何？怎麼知道什麼事
情對你來說是重要的，或者，什麼東西與你相契合？過去五年，
我一直從出走的力量，以及它所教我的課題中受益。我覺得自己
受到召喚，有義務要分享我從暫停經歷中所學到的，來幫助任何
因為工作環境或個人生活層面似乎不再有意義，而感到受困、失
落，或是精神萎靡的人。我希望暫停的狀態可以變成一種可被接
受，而且能夠帶給人們力量的生活方式；我希望它能成為現代辭
典中的一個常用的詞彙。「你今天的暫停進行得怎麼樣？你從上
一次暫停中學到了什麼？它有多大的意義？」

　　你已經知道出走橫跨的時間，可以是幾次呼吸的時間，或者是一生的時間，它需要的是意識、勇氣與堅定。出走是一種慰藉，可以在你偏離軌道的時候，引導你回到中心並且與你的靈魂在一起。如果你正走在對的軌道上，暫停可以幫助你維持這種狀態。出走的時候，你是故意改變你的行為，去做一些不一樣的事。意謂著你已經準備好要迎接接下來會發生的事，並知道自己對於未知可以泰然處之。要知道，暫停會助長你前進的動力，這是一種洞察的智慧。

轉化之旅

　　我第一次學到能量的兩種主要型態是在高中的物理課。我不會介紹太多，請容忍我一下。動能（kinetic energy）被定義為使用中的能量，而位能（potential energy）則被定義為物體所存儲的能量。從概念上來看，暫停就是一種位能；每次你進行暫停，你的位能就可以恢復。它可能是片刻的時間，而在這段時間裡，你可以注意情緒、六個短暫的呼吸、或任何可以讓你恢復精神的行為。能量守恆定律告訴我們，能量可以從一種形式變為另一種形式，而不能被創造或破壞。如果我們把這個概念應用於暫停，那麼在暫停之後的任何動作，都會把你的位能轉化為動能。而且，不只是你的能量可以轉化，你，也可以轉化。你的思考方式、行為方式，以及你的感受，都可以根據你在暫停時所發現的，而有

所轉變。

暫停為我開啟了一段至今仍然不斷演變的轉化之旅。稍早我曾引述轉化教育專家傑克‧馬濟洛所說的，成年期注定要進行轉化。暫停可以成為引領你轉化的通道或是催化劑。當我想到自己正進行的旅程時，我看到暫停如何帶領我通過下面即將介紹的六項轉化技巧，這六項技巧是茱蒂絲‧萊特博士和鮑伯‧萊特博士所開發的[1]。我們每一個人都可以把這套模式應用到我們的生活中，並且利用對我們最有用的工具和資源，來到達那樣的境界。暫停也可以成為一種生活方式，同時也是一種工具，協助我們不要偏離個人所選擇的路徑。

這六個步驟是一個路線圖，隨時可以用來參照自己當時身處何處。這不是一個線性的過程，你可以在出走之前、出走期間，以及出走之後，一遍又一遍循環執行這些步驟。它們不只是可以在暫停期間派上用場，而是在任何情況都適用。關鍵是要繼續嚮往內心的渴望，並積極投入，實現有益自我發展的最深切願望。當我看著自己的暫停旅程，而且持續進行暫停時，我認清了自己的感受，注意到了自己的想法，改變了自己的行為，而這些體認都是參考這六個步驟。你也可以這麼做。

1. **渴望**：你渴望什麼？暫停提供了空間和時間，讓你可以了解如何滿足你的渴望，並認清和解決限制性信念以及心中雜念。暫停讓你有機會創造出一個空間，讓你可以在裡面探索

自己的渴望何在，而且在這個空間裡，你可以真正享有與自我獨處的時間。

2. **積極回應**：要自動自發地回應你的深層渴望所產生的衝動。採取行動來實現或滿足內心深層的飢渴。關注自己的感受為何，並且把自己的感受表達出來；問問他人對你的看法為何；積極回應並且滿足你的渴望。我積極回應我的渴望的方式，是提出休假申請。我問別人有什麼是我可以盡力的；採取行動，有意識地找出接下來的步驟。

3. **揭示**：關於你如何以不同的方式來考慮事情，這屬於揭示階段，有時也被稱為「蒙受啟示」。你覺察到什麼，或從你的經歷中學到了什麼？你會對什麼感到好奇，或者，怎樣才能將你的成長心態帶到暫停旅程中？你不需要待在你之前為自己建構的框框裡：它框住了你的生活方式、你的存在方式，以及你的規則和信念。其實，這些你全部都可以改變，尤其是隨著你花時間滿足自己的渴望，而從中獲得新的經驗教訓與見解時，你便增強了自己打破既有框架的能力。

4. **解放**：當你開始以不同的方式思考（揭示），就表示你的行事風格也將有所不同，而你也隨之解放了自我。讓自己離開舒適圈，嘗試一些新的事物。根據你的渴望和回應渴望的方式，以及你所展現的思考事物的新方式，來看看有什麼新的行動或行為是可能的？這需要承擔一點風險，如此一來，你將建立新的習慣和慣例。新的路徑會跳出來，你就可以順勢

而行，例如表達新的想法，或是面對恐懼並採取行動。跟著新的麵包屑走，這可能會引領你走向新的發現或新的技能。

5. **重新布陣**：重新布陣是藉由不同的思考和做事方式，而創建新的神經通路的行為。當你因為暫停而轉變你的想法、行為和作為時，你的神經網絡也會隨著改變。重複執行這個過程，會創造出新的神經通路，而隨著時間的推移，可能導致長期的、持續性的轉型變革。

6. **投注熱情**：承諾自己把暫停當作一種生活方式。藉著不斷對準自己內心的聲音，你就可以定期練習，學著更加了解自己。我自己的做法是，接受新的挑戰，亦即撰寫與暫停有關的主題，並且將其與自身結合，如此一來，我便可以幫助別人過更令人滿意的生活。我致力於幫助他人從暫停的力量中成長，讓他們跟我一樣，可以與自己更加緊密聯繫，發現渴望，並且進行轉化。

出走可以融入日常生活中，它和行事匆匆正好相反。畢竟，暫停是關乎存在的方式。現在，就暫停一下，問問你自己：「如果我有片刻的時間、一小時、一天，或者甚至一個星期的時間可以進入暫停狀態，我在這段期間會做什麼？」

你打算說什麼？

你會有何感受？

你會和誰在一起？

會有什麼不同？

　　這正是出走的力量。20 世紀的存在主義作家兼詩人萊納・瑪利亞・里爾克（Rainer Maria Rilke）對於未知有精闢的掌握，他擁抱未知並且把這份體悟當成自己的心咒：「接受它，與它共存，希望你能活出屬於自己的答案。」在他《給青年詩人的信》（*Letters to a Young Poet*）一書中，提醒我們不需要把每一件事都弄清楚。相反的，何不好好過日子，讓答案自己推展開來。

　　親愛的先生，我要盡我所能地懇求您，耐心解決您心中一切懸而未決的問題，並試著去愛上這些難題，就當它們是被上鎖的房間，或者是用極其陌生的外語所寫成的書。別去尋求目前還得不出的答案，因為你無法把答案給活出來。重點在於，與當下的一切同在。而此刻，只要與問題同在；然後或許，遠在將來的某一天，在不知不覺中，你活著活著，便漸漸地走進答案中。②

　　就像里爾克提醒我們的，過自己的生活，自然走進答案裡。你不必知道所有的答案，雖然我們大多數的人，對於沒有把一切的事情都弄清楚，會感到膽顫心驚。執行暫停是讓答案自然而然推展開來的一種方法。只要你有所轉變，答案便有機會出現。

練習聆聽內在聲音

◆ 你要如何將暫停融入你的生活型態中？那看起來會像什麼樣子？你如何在一天中貫徹暫停練習，以便讓你的觀點或行為產生轉變？

◆ 你如何看待自己——通過六個轉化技巧？你渴望什麼，而你又如何實現和滿足那些渴望？你的思考（揭示）和行事（解放）因此有何不同？什麼因你而轉變？而你又如何選擇繼續進行轉變（投注熱情）？

謝辭

我謹向以下人士致上最深切的謝意：

荷莉‧潘尼（Holly Payne），你的編輯功力和真知灼見誕生出一本超出我所想像的書。

致我的編輯和出版團隊：艾琳‧美隆（Erin Malone）和威廉‧莫里斯‧奮進公司（WME），你們是最棒的經紀人團隊，能和你們合作是我的福氣，謝謝你們打從一開始就對這本書充滿信心。感謝我的編輯珍奈特‧蕭（Jeanette Shaw）和蘿倫‧艾波頓（LaurenAppleton），以及如恆星般的 TarcherPerigee 團隊，你們是卓越的編輯翹楚！你們用批判的眼光和高標準讓這本書的編輯看起來簡單易讀。謝謝芭芭拉（Barbara）和 CaveHendricks 團隊。莉亞‧沙斯雷夫（Lea Saslav），謝謝妳提供的策略建議以及公關知識。雅莉安娜‧哈芬登（Arianna Huffington），謝謝妳的推薦，也謝謝妳邀請我去分享我的故事，還有妳對於本書的肯定。讓我們「按下人生暫停鍵」，獲得「從容的力量」！

莎拉貝‧柯蘭納（Sarab Khurana），謝謝妳的愛與閃耀的明燈。妳在編輯過程以及學校裡所給予我的支持，對我來說意義非凡。我好愛妳！

　　致我散居各地的家人們：德魯（Drew），我好幸運可以有你這個弟弟，同時也是變身同好。老媽、迪克（Dick）以及伊莎貝爾（Isbell）家族，謝謝你們的愛與支持。老爸，我很享受和你之間的新關係。路克（Luke），我隨時都為你準備好小餅乾。我親愛的加拿大夥伴，梅氏（Mays）家族以及羅氏（Lowes）家族，謝謝你們的支持。

　　致萊特基金會社群：謝謝你們幫助我嶄露這方面的能力，並且無時無刻地激勵著我。鮑伯博士（Dr. Bob）和茱蒂絲博士（Dr. Judith），謝謝你們幫助我成為一個自己從未預見的人。謝謝你們還有你們所引介的學者專家，讓我得以站在巨人的肩膀上。謝謝實驗室的夥伴們，以及 Higher Ground、Tuesday Tigers 還有 Pythons 等機構的前輩和先進，還有萊特研究院（Wright Graduate University）的教師、學員以及精神導師，特別是摩莉·菲利（Molly Vaile）、葛瑞絲·卡娃朵伊（Grace Kavadoy）、莫尼卡·史岱柯（Monica Stacco），還有我的教練貝羅·史托姆沙（Beryl Stromsa）。

　　致我的 NYAC 划船俱樂部的朋友和家人，以及那些與我分享熱情的人：你們對自己知之甚詳。

　　致現在以及過去的 Google 同僚：瑪雅·華特（Maya Watts）以及我們的廣告解決方案團隊，哇！如果不是你們對於所謂優秀所設下的高標，本書不可能誕生。傑洛米·伍德里（Jeremy Woodlee）和奇普·霍爾（Chip Hall）以及我們的整個團隊，謝謝

你們！珍・洪（Jane Hong）謝謝妳不經意地提起妳的舊職務還是空著的。高皮・卡拉葉爾（Gopi Kallayil）、普尼特・亞高洛（Punit Aggarwal）、保羅・聖塔加塔（Paul Santagata）、貝琪・卡頓（Becky Cotton）以及蘇・麥克考利（Sue McCauley），你們的熱情、才華以及貢獻對我有許多的啟發。

Talks@ 的作者群、SIY 的工作人員、gPausers 以及 Women@ leads：你們讓職場人生變得更美好、更有趣。

馬克・桑頓（Mark Thornton），謝謝你幫我找到了很多我需要的東西。無論是帶領我做一次練習、為我引介一個人，或是在 Otic Oasis 酒館吃一頓飯，我都非常感激你所帶給我的一切。

致靈性姐妹會（Mystic Sisters）的夥伴們：麗莎・藍金（Lissa Rankin）、莎拉・德魯（Sarah Drew）、朵莎・西佛（Tosha Silver）、克里斯朵琳・狄倫（Crystallin Dillon）、亞莉安妮・迪・邦摩伊森（Ariane de Bonvoisin）、亞妮雅・非莉塔（Ania Fizyta）、亞米娜・利瑪尼（Amina Zimani）、亞達・寇斯西歐尼（Edda Coscioni）、梅根・泰勒（Megan Taylor）、克莉斯汀・亞里羅（Christine Arylo）、凱倫・瓊斯（Karen Jones）、吉溫・伊里亞特（Gwen Elliot）、西兒・羅伽特（Syl Rochet）、迪皮卡・芭嘉佳（Deepika Bajaj）、莎曼莎・沙頓（Samantha Sutton）、凱西・葛爾茲（Cathy Goerz）以及艾蜜莉・詹寧斯（Emily Jennings）。

艾利克斯・孔恩（Alex Conn）、馬特・克萊（Matt Klein）以及錫兒・尼爾（Shir Nir），謝謝你們的支持並且成為暫停同好。

　　致那些願意分享他們的故事以及對這本書有所貢獻的朋友：
謝謝你們有勇氣改變自己的行為，進而激勵他人，並且幫助我達
成轉變。

　　致那些我在暫停之前、在暫停期間，以及在暫停之後認識的
人，謝謝你們一直以來對我的支持。

　　致那些知道改變世界要從自己做起，而且具有好奇心想要了
解更多的人。

　　靈性，我永遠與你互為依頓，而且永遠心存感激。感謝祢！
感謝祢！感謝祢！

資訊補給站

本書中的許多概念源自於我在萊特研究院學習轉型領導與輔導所受到的啟發，萊特研究院是一所專攻實現人類潛能的教育機構。以下是一些我推薦可以作為延伸閱讀參考的資源和觀點。你可以在我的網站 www.rachaelomeara.com 上，找到本書每章最後的練習暫停，還有其他更多的線上資源，包括影音和音檔的連結。

第 2 章

萊特基金會（Wright Foundation）網址：www.judithwright.com, www.wright living.com, www.wrightgrad.edu, www.thewrightfoundation.org

釋放潛能週末培訓計畫（Training weekend to unleash your po-tential）：
無論你是想要成為一個更強的領導者、想學會更積極地表現自己、想讓約會更加成功，或是想和你的孩子建立更穩固的關係，這一系列功能強大的週末研討會都可以替你的終身學習及實現個人最大潛力奠定基礎。

阿爾弗雷德・阿德勒（Alfred Adler, 1870–1937）被公認為個人心理學的奠基者，並有一支完整的心理學派被譽為是阿德勒理論

（Adlerian theory）。他的著作等身，包括《理解人性》（*Understanding Human Nature*）一書。他提出了生活的三大領域、生活型態分析、生活項目以及感知等等，整套辭庫都是根據他的研究而發展出來的。有許多學校專門在傳授他的學說，包括阿德勒研究院（Adler Graduate School: http://alfred adler.edu）。

第 4 章

麥克‧羅賓斯（Mike Robbins）網站：http://mike-robbins.com/

第 5 章

精打細算（Don't Break the Bank）試算表相關的「暫停資源」（Pause Resources）網頁連結：www.rachaelomeara.com

珍妮‧布萊克（Jenny Blake）的系列書籍、工作坊及輔導諮詢請造訪：https://itsfreetime.com/

阿爾菲‧范‧德爾‧利旺（Alfie van der Zwan）「正念 365」（Mindful 365）智慧型手機應用程式可以協助你一整年天天都進行沉思活動：http://mindful365.com/

第 6 章

嘉柏莉‧伯恩斯坦（Gabby Bernstein）網站：http://gabbybernstein.com/

奧斯汀‧希爾‧蕭（Austin Hill Shaw）網站：www.austinhillshaw.com

馬克‧桑頓（Mark Thornton）的紐約式 1 分鐘靜觀練習（Meditation in a New York Minute）包含一系列共十八個實用的意識練習，任

何人都可以參照，每天可進行多次練習。我對靜觀的認識，就是從這裡開始的。它簡單易讀，就像有聲書一樣方便。（免責聲明：我是馬克的非營利組織——「地球任務」（Business for the Planet）的董事會成員）。

第7章

「媒體素養組織」（Common Sense Media）對成人或者家長而言，是個很棒的免費資源，可以幫助他們了解孩子的媒體消費使用狀態，同時幫助孩子在媒體與科技的世界裡，獲得良好的發展。這個組織藉著提供公正的訊息以及值得信賴的建議和工具，讓家長、教師以及決策者有能力駕馭威力強大的媒體和科技，使之成為所有孩子生活中的積極力量。孩子們也可以使用這些資訊。

蒂芬妮・沙崙（Tiffany Shlain）的科技安息日資訊圖表：www.moxieinstitute.org/technology_shabbats

「摩克西研究院」（Moxie Institute）網址：www.moxieinstitute.org

「星期五」（Friday）智慧型手機應用程式源自於 rebooters.net，你可以在蘋果 iTunes 商店找到，也可以造訪：www.thefridayapp.com/

丹妮爾・拉伯特（Danielle LaPorte）的書籍產品請造訪：www.daniellelaporte.com

雅莉安娜・哈芬登（Arianna Huffington）在她的《從容的力量》的附錄中，匯集了一個徹底而有用的資源清單，可以用來對治分心。

第 9 章

喬‧庫徹拉（Joe Kutchera）的諮詢服務及書籍請造訪：http://
joekutchera.com/

喬推薦的閱讀書單：

◆ 《轉變之書：別為結束哀傷，因為那是你重生的起點》
（*Transitions: Making Sense of Life's Changes*）／威廉‧布瑞奇
（William Bridges）：威廉‧布瑞奇為讀者總結在遭遇重大人
生變化，例如失去工作、搬遷或改變職業時，將經歷的情感
演進過程。我發現這本書對於我理解自己的轉化過程，有極
大的幫助。

◆ 《一週工作 4 小時：擺脫朝九晚五的窮忙生活，晉身「新富
族」》／提摩西‧費里斯（Timothy Ferris）：提摩西‧費里
斯大膽鼓勵當今的知識工作者和雇主協商達到「半休假」的
工作條件，或者遠距工作，以便在平衡工作責任的同時，還
能著手進行自身熱情所在的大計畫，例如寫書、衝浪或學習
一種新語言。

◆ 《完美諮詢：如何讓你的專業受到青睞》（*Flawless Consulting:
A Guide to Getting Your Expertise Used*）／彼得‧布拉克（Peter
Block）：彼得‧布拉克激勵我們成立獨立諮詢公司，把我們
的業務集中在我們的核心專業，贏得客戶，並享有成為「個
人企業家」（solopreneur）的自由。

第 10 章

麗莎‧藍金醫生（Lissa Rankin）在美國公共電視台主持了兩個
特別節目，並且在像是伊薩蘭學院（Esalen Institute）和凱瑞帕
魯中心（Kripalu Center）等靈修靜養中心授課。如果你想閱讀
更多有關她的經歷，請造訪 LissaRankin.com 以及她的臉書個
人頁面，她經常在此更新訊息。關於「全人健康醫療研究中
心」（Whole Health Medicine Institute）的資訊，請造訪：https://
wholehealthmedicineinstitute.com/

《優勢引擎 2.0》（*StrengthsFinder 2.0*）：你可以造訪 www.strengths
test.com/strengths-tests/strengthsfinder-20-access-code.html 取得訪客代
碼進行概觀性的瞭解。

第 11 章

求職中心的概念（Job Search Center Concept）來自於我在 Google 的
一位同事，珍‧培德洛夫（Jen Petroff）。在我求職期間，她跟
我介紹了她的「求職指揮中心」（job command search center）以及
「工作消防演練文」（job fire drill article）。我就是根據這個，還
有她的文章中提到的要點，來打造我自己的求職中心。

註釋

導讀

① 〈2011 員工福利報告〉（2011 employee benefits report），人力資源管理協會（Society for Human Resource Management, SHRM）2011 線上資料（查詢日期：July 7, 2006）。見 www.shrm.org

第 2 章

① 鮑伯‧萊特（Wright, Bob），July 10, 2016，《AC72 領導學：碩士班拱心石討論課》（*AC72 Leadership Master's Capstone Discussion*）授課內容，美國威斯康辛州埃爾克霍恩：萊特研究院（Wright Graduate University, Elkhorn, WI）。

② 茱蒂絲‧萊特（Wright, Judith），鮑伯‧萊特（Bob Wright），2016，《吵架吧！我倆明天會更好：深入內心，挖出渴望，讓親密關係再進化》（*The Heart of the Fight: A Couple's Guide to Fifteen Common Fights, What They Really Mean, and How They Can Bring You Closer*）：頁 64，美國加州奧克蘭：New Harbinger 出版社。

③ 前引書：頁 72–73。

④ 前引書：頁 72。

⑤ 茱蒂絲‧萊特（Wright, Judith），鮑伯‧萊特（Bob Wright），2013，《變身大進擊！精彩人生的科學》（*Transformed! The Science of Spectacular Living*）：頁 193，美國田納西州納什維爾：Turner 出版社。

⑥ 前引書：頁 31。

⑦ 萊特（Wright），萊特（Wright），《吵架吧！我倆明天會更好》（*The Heart of the Fight*）：頁 77。

⑧ 前引書：頁 65。

⑨ 茱蒂絲‧萊特（Wright, Judith），2006，《軟癮解方：擺脫看似無害卻讓你遠離你想要的生活的習慣》（*The Soft Addiction Solution: Break Free of the Seemingly Harmless Habits That Keep You from the Life You Want*）美國紐約：Jeremy P. Tarcher/

Penguin 出版社。

⑩ 湯瑪士・畢姆斯（Beames, Thomas B.），1992，《阿德勒術語學生辭典》（*A Student's Glossary of Adlerian Terminology*）加拿大雷蒂史密斯：Photon 出版社。

第 3 章

① 喬瑟夫・坎伯（Campbell, Joseph），1972，《千面英雄》（*The Hero with a Thousand Faces*），美國紐約普林斯頓：普林斯頓大學出版社。

② 保羅・田立克（Tillich, Paul），1952，《存在的勇氣》（*The Courage to Be*），美國康乃狄克州紐哈芬：耶魯大學出版社。

③ 韋氏線上字典（Merriam-Webster Online Dictionary），「勇氣」（courage）一詞，查詢連結：www.merriam-webster.com

④ 麥可・德斯特（Durst, Gary Michael），1982，《責任管理》（暫譯，*Management by Responsibility*），美國伊利諾州艾文史東：G. M. Durst 出版。

⑤ 維克多・弗蘭克（Frankl, Viktor），2006，《活出意義來》（*Man's Search for Meaning*），美國波士頓：Beacon Press 出版社。

⑥ 布芮尼・布朗（Brown, Brené），2015，《勇氣的力量》（*Rising Strong*），頁 85–88 及 218，美國紐約：Spiegel and Grau 出版社。

⑦ 卡蘿・杜維克（Dweck, Carol S.），2006，《心態致勝：全新成功心理學》（*Mindset: The New Psychology of Success*）美國紐約：Random House 出版社。

⑧ 亨莉雅妲・安・克勞瑟（Klauser, Henriette Anne），2000，《一寫就成真！心之所欲，夢想成真！》（*Write It Down, Make It Happen: Knowing What You Want—And Getting It!*），美國紐約：Scribner 出版社。

⑨ 觀察者網站（Observer），March 2, 2009，〈VSL：科學：兩分鐘提升良好感覺計畫〉，連結網址：http://observer.com

⑩ 雷恩・尼米克（Niemiec, Ryan M），March 6, 2015，〈找到工作幸福感的五種技巧〉（5 key tips for finding happiness at work），《當代線上心理學》（*Psychology Today*），網站連結：www.psychologytoday.com

⑪ 蜜雪兒・麥奎德（McQuaid, Michelle），July 4, 2016 造訪，〈優勢挑戰〉（Strengths challenge），連結網址：http://strengths challenge.com

⑫ 拉米特・塞提（Sethi, Ramit），郭傑夫（Kuo, Jeff），July 4, 2016 造訪，〈兼差賺取一千美元〉（Earn $1000 on the side），模組一第二課：選取你的專長領

域（Module 1 lesson 2. Pick your field），Earn1k.com，網址：http://earn1k.com

⑬ 大衛・莫里斯・史納屈（Schnarch, David Morris），2012，《激情婚姻：在互相許諾的關係裡維持愛與親密關係》（*Passionate Marriage: Keeping Love and Intimacy Alive in Committed Relationships*），澳洲：Scribe 出版社。

⑭ 線上辭源辭典（Online Etymology Dictionary），July 4, 2016 查詢，「忙碌」（busy），網站連結：www.etymonline.com

⑮ 韋氏線上字典（Merriam-Webster Online Dictionary），July 4, 2016 查詢，「忙碌」（busy），網站連結：www.merriam-webster.com

⑯ 費里斯・賈布爾（Jabr, Ferris），Oct. 15, 2013，〈為什麼你的大腦需要更多停機時間？〉（Why your brain needs more downtime?）《科學人》（*Scientific American*），網站連結：www.scientificamerican.com

⑰ 心能研究中心（HeartMath Institute），Nov. 11, 2012，〈關聯性研究〉（Coherence），連結網址：www.heartmath.org

第4章

① 傑克・馬濟洛（Mezirow, Jack），2000，《學習即轉化：關於正在進行的理論的批判性觀點》（*Learning as Transformation: Critical Perspectives on a Theory in Progress*），美國舊金山：Jossey-Bass 出版社。

② 茱蒂絲・萊特（Wright, Judith），鮑伯・萊特（Bob Wright），2016，《吵架吧！我倆明天會更好》（*The Heart of the Fight*）：頁 105，108。

③ 約翰・鮑比（Bowlby, John），1988，《安全堡壘：依附理論的臨床應用》（*A Secure Base: Clinical Applications of Attachment Theory*），英國倫敦：Routledge 出版社。

④ 茱蒂絲・萊特（Wright, Judith），鮑伯・萊特（Bob Wright），2013，《變身大進擊！》（*Transformed!*）：頁 4。

⑤ 路易斯・科羅里歐（Cozolino, Louis J），2006，《人際關係的神經科學：依附理論與發展中的社會腦》（*The Neuroscience of Human Relationships: Attachment and the Developing Social Brain*），頁 307，紐約：Norton 出版社。

⑥ 茱蒂絲・萊特（Wright, Judith），鮑伯・萊特（Bob Wright），2013，《變身大進擊！》（*Transformed!*）：頁 130–31。

⑦ 塔拉・布萊克（Brach, Tara），2003，在她的《全然接受這樣的我：18 個放

下憂慮的禪修練習》（*Radical Acceptance: Embracing Your Life with the Heart of a Buddha*），美國紐約：Bantam 出版社。

⑧ 丹尼爾・席格（Siegel, Daniel J.），2010，《第七感：自我蛻變的新科學》（*Mindsight: The New Science of Personal Transformation*），頁14–15，美國紐約：Bantam。

⑨ 艾利克森（Ericsson, K. A.），卡拉姆佩（R. T. Krampe），提斯羅米爾（C. Tesch-Römer），1993，〈刻意練習對於獲致專家水準的重要性〉（The role of deliberate practice in the acquisition of expert performance），《Psychological Review 100》，vol. 3，頁：393–94。

⑩ 威廉・詹姆斯（William James），Sept. 24, 2016 查詢，〈追求幸福〉（Pursuit of Happiness），網址連結：www.pursuit-of-happiness.org

⑪ 威廉・詹姆斯（James, William），剛恩・吉爾斯（Giles B. Gunn），2000，《實用主義與其他著作》（*Pragmatism and Other Writings*），頁：240，美國紐約：Penguin 圖書出版社。

第 5 章

① 凱爾・波摩爾里（Pomerleau, Kyle），July 4, 2016 查詢，〈2016 年各類稅級〉（2016 tax brackets），財稅基金會（Tax Foundation），連結網址：http://taxfoundation.org

第 6 章

① 鮑伯・萊特（Wright, Bob），July 9, 2016，《AC72 領導學及 AC42 人生目的小組討論課》（*AC72 leadership and AC42 purposeful living group discussion*）授課內容，美國威斯康辛州埃爾克霍恩：萊特研究院（Wright Graduate University, Elkhorn, WI）。

② 前引文。

③ 維克多・弗蘭克（Frankl, Viktor），2006，《活出意義來》（*Man's Search for Meaning*），美國波士頓：Beacon Press 出版社。

④ 嘉柏莉・伯恩斯坦（Bernstein, Gabrielle），July 4, 2016 查詢，〈你沒有時間冥想嗎？〉（You don't have time to meditate?），Gabbybernstein.com

⑤ 大衛・金恩・凱勒（Keller, David King），2014，《微觀正念：邁向一個可行的正念減壓練習》（原博士論文名：*MicroMindfulness: Towards an accessible mindfulness-based stress reduction practice*），加州完整研究學院（California Institute of Integral Studies）。

第 7 章

① 瑪莉・米克（Meeker, Mary），吳亮（Wu, Liang），July 4, 2016 查詢，〈2013 網際網路趨勢〉（2013 Internet trends），KPCB.com，連結網址：www.kpcb.com/blog/2013-internet-trends

② 格林・伊納哈（Enoch, Glenn），July 4, 2016 查詢，〈2016 年第一季的閱聽眾調查報告〉（The Nielsen total audience report Q1 2016），Nielsen.com，連結網址：www.nielsen.com

③ 尼爾森公司網站，July 4, 2016 查詢，〈美國數位產品消費調查報告〉（The U.S. digital consumer report），Nielsen.com. Feb. 2, 2014，連結網址：www.nielsen.com

④ 前引文。

⑤ 前引文。

⑥ 茱蒂絲・萊特（Wright, Judith），2006，《軟癮解方》（*The Soft Addiction Solution*），頁 64。

⑦ 牛津字典（Oxford Dictionaries），July 4, 2016 查詢，「數位排毒」（digital detox），連結網址：www.oxforddictionaries.com

⑧ 蒂芬妮・沙崙（Shlain, Tiffany），2012，《腦力：從神經元到網絡》（*Brain Power: From Neurons to Networks*），TED Conferences。

⑨ 雅莉安娜・哈芬登（Huffington, Arianna），2014，《從容的力量》（*Thrive: The Third Metric to Redefining Success and Creating a Life of Wellbeing, Wisdom, and Wonder*），頁 6，美國紐約：Harmony 出版社。

⑩ 前引書，頁 81。

⑪ 賽門・希爾（Hill, Simon），July 26, 2015，July 4, 2016 查詢，〈藍光會影響你入睡嗎？〉（Is blue light keeping you up at night?），《數位趨勢》（*Digital Trends*），連結網址：www.digitaltrends.com/

第 8 章

① 世界薪酬協會（WorldatWork），June 2016，July 5, 2016 查詢，〈帶薪休假計畫和實踐〉（Paid time off programs and practices），WorldAtWork.org，連結網址：www.worldatwork.org

② 盧心達‧沈（Shen, Lucinda），July 6, 2016 查詢，〈提供帶薪休假的 19 個偉大雇主〉（These 19 great employers offer paid sabbaticals），Fortune.com，網站連結：http://fortune.com

③ 維基百科（Wikipedia），July 6, 2016 查詢，「大腦邊緣系統」（limbic system），連結網址：https://en.wikipedia.org

④ 瑞秋‧歐蜜拉（O' Meara, Rachael），Dec. 8, 2015，〈留職停薪調查〉（Unpaid leave survey），Google Consumer Surveys。

⑤ 戈比‧卡拉以爾（Kallayil, Gopi），2015，《一心不亂：Google 高階經理人教你不戒手機、不斷網，在急躁的科技世界裡，定、靜、安、慮、得》（The Internet to the Inner-net: Five Ways to Reset Your Connection and Live a Conscious Life），美國加州：Hay House 出版社。

⑥ 茱蒂絲‧布萊克斯東（Blackstone, Judith），2012，《屬於這裡：給靈性敏感的你》（Belonging Here: A Guide for the Spiritually Sensitive Person）美國科羅拉多博爾德：Sounds True 出版社。

⑦ 拉姆‧達斯（Dass, Ram），1971，《活在當下》（Be Here Now, Remember）美國新墨西哥州：Lama Foundation 出版社。

第 9 章

① 史蒂夫‧賈伯斯（Jobs, Steve），July 6, 2016，〈史丹福大學 2005 年畢業典禮演說〉（Stanford 2005 commencement speech），連結網址：www.youtube.com

② 大衛‧艾倫（Allen, David），2001，《搞定！》（Getting Things Done），頁 10，美國紐約：Viking 出版社。

③ 克雷格‧蘭伯特（Lambert, Craig），1998，《渡水之心：划船藝術中展現的生命課題》（Mind Over Water :Lessons on Life from the Art of Rowing），美國波士頓：Houghton Mifflin 出版社。

第 10 章

① 茱蒂絲‧萊特（Wright, Judith），July 30–31, 2016，〈心靈滋養與自我關愛技巧〉（Nourishment and self-care techniques），年度心靈轉型滋養與自我關愛週末（Year of Transformation Nourishment and Self-Care Weekend）討論內容，美國芝加哥：萊特基金會。

② 彼得‧高爾維茲（Gollwitzer, Peter M.），培斯丘‧錫蘭（Paschal Sheeran），

2009，〈消費者決策與行為之自主規範：實施意向的作用〉（Self-regulation of consumer decision making and behavior: The role of implementation intentions），《消費心理學期刊》（*Journal of Consumer Psychology*）19（2009）：頁 593–607。Konstanz: Bibliothek der Universität Konstanz.

③ 茱蒂絲·萊特（Wright, Judith），鮑伯·萊特（Bob Wright），2016，《吵架吧！我倆明天會更好》（*The Heart of the Fight*）：頁 160。

④ 麗莎·藍金（Rankin, Lissa），Sept. 24, 2016 查詢，〈三十秒認識自己〉（About me in 30 seconds），Lissarankin.com，連結網址：http://lissarankin.com/about/

⑤ 查爾斯·愛因斯坦（Eisenstein, Charles），July 6, 2016 查詢，〈2013：故事與故事間的空檔〉（2013: The space between stories），Charleseisenstein.net，連結網址：http://charleseisenstein.net

⑥ 鮑伯·萊特（Wright, Bob），June 19, 2013，〈有目的生活〉（Living with purpose），Year of Transformation Week 8 資料，萊特基金會。

⑦ 湯姆·羅斯（Rath, Tom），2007，《優勢引擎 2.0》（*StrengthsFinder 2.0*），美國紐約：Gallup 出版社。

⑧ 嘉柏莉·伯恩斯坦（Bernstein, Gabrielle），2011，《精神癮君子：發現自我關愛與奇蹟的究竟之路》（*Spirit Junkie: A Radical Road to Discovering Self-love and Miracles*），美國紐約：Harmony Books 出版社。

⑨ 前引書。

第 12 章

① 茱蒂絲·萊特（Wright, Judith），鮑伯·萊特（Bob Wright），2013，《變身大進擊！》（*Transformed!*）：頁 31–33。

② 萊納·瑪利亞·里爾克（Rainer Maria Rilke）等，2000，《給青年詩人的信》（*Letters to a Young Poet*）美國加州：New World Library 出版社。

國家圖書館出版品預行編目（CIP）資料

出走，找回你的內在力量：回應心底的疲憊與渴望，斷開委屈
與迷茫，突破慣性，微調步調，重回身心最佳狀態 / 瑞秋‧歐
蜜拉（Rachael O'meara）著，朱靜女譯 . -- 第二版 . -- 臺北市：天
下雜誌 , 2023.07
　　面；　公分 . --（天下財經 ; BCCF0504P）
譯自：Pause : harnessing the life-changing power of giving yourself a
　　 break.
ISBN　978-986-398-909-7（平裝）

1. CST: 自我實現　　　2.CST: 生活指導

177.2　　　　　　　　　　　　　　　　　　112011010

天下財經 504

出走，找回你的內在力量

回應心底的疲憊與渴望，斷開委屈與迷茫，突破慣性，微調步調，重回身心最佳狀態

PAUSE: Harnessing the Life-Changing Power of Giving Yourself a Break

作　　者／瑞秋・歐蜜拉 Rachael O'Meara
譯　　者／朱靜女
封面設計／葉馥儀
內頁排版／林婕瀅
責任編輯／鍾旻錦

天下雜誌群創辦人／殷允芃
天下雜誌董事長／吳迎春
出版部總編輯／吳韻儀
出 版 者／天下雜誌股份有限公司
地　　址／台北市 104 南京東路二段 139 號 11 樓
讀者服務／（02）2662-0332　傳真／（02）2662-6048
天下雜誌 GROUP 網址／ http://www.cw.com.tw
劃撥帳號／ 01895001 天下雜誌股份有限公司
法律顧問／台英國際商務法律事務所・羅明通律師
製版印刷／中原造像股份有限公司
總 經 銷／大和圖書有限公司　電話／（02）8990-2588
出版日期／ 2018 年 5 月 30 日第一版第一次印行
　　　　　 2023 年 7 月 26 日第二版第一次印行
定　　價／ 400 元

書號：BCCF0504P
ISBN：978-986-398-909-7（平裝）

直營門市書香花園　台北市建國北路二段 6 巷 11 號　（02）25061635
天下網路書店 shop.cwbook.com.tw
天下雜誌出版部落格──我讀網 books.cw.com.tw/
天下讀者俱樂部 Facebook www.facebook.com/cwbookclub

本書如有缺頁、破損、裝訂錯誤，請寄回本公司調換